# 多维视角下的现代教学管理

陈 锋 刘祖应 王雅丽 著

吉林摄影出版社

·长春·

图书在版编目(CIP)数据

多维视角下的现代教学管理/陈锋,刘祖应,王雅丽著.--长春:吉林摄影出版社,2022.5
ISBN 978-7-5498-5565-0

Ⅰ.①多... Ⅱ.①陈...②刘...③王... Ⅲ.①高等学校-教学管理-研究 Ⅳ.①G647.3

中国版本图书馆 CIP 数据核字(2022)第 196762 号

## 多维视角下的现代教学管理
DUOWEI SHIJIAO XIA DE XIANDAI JIAOXUE GUANLI

| | |
|---|---|
| 著　　者: | 陈　锋　刘祖应　王雅丽 |
| 出 版 人: | 车　强 |
| 责任编辑: | 罗　晗 |
| 封面设计: | 刘　华 |
| 开　　本: | 787mm×1092mm　1/16 |
| 字　　数: | 202 千字 |
| 印　　张: | 8.5 |
| 版　　次: | 2022 年 5 月第 1 版 |
| 印　　次: | 2024 年 1 月第 2 次印刷 |
| 出　　版: | 吉林摄影出版社 |
| 发　　行: | 吉林摄影出版社 |
| 地　　址: | 长春市净月高新技术产业开发区福祉大路 5788 号　邮编:130118 |
| 网　　址: | www.jlsycbs.net |
| 电　　话: | 总编办 0431-81629821 |
| | 发行科 0431-81629829 |
| 印　　刷: | 北京市兴怀印刷厂 |

ISBN 978-7-5498-5565-0　　　　定　价:48.00 元

版权所有　侵权必究

# 前言

当今世界,科学技术日新月异,知识经济发展迅速,国力竞争日趋激烈。针对知识化、信息化、全球化的时代特征,世界各国都在酝酿或者正在进行一场深刻的教育改革,都十分重视教育对人和社会的作用。

学校作为人们社会生活的重要领域,它经过千年的历史演进。随着学校管理理论的不断发展,为了应对当今来自社会、教育和管理自身的各种挑战,我们不得不认真地反思学校管理走过的历程,审视已建构起来的学校管理理论。纵观学校管理及其理论的发展,我们可以得出这样的结论:学校管理理论是特定时期社会经济对学校管理的要求和学校自身变革的产物。一定时期内产生的学校管理理论适应了当时社会经济发展的需要,适应了教育对学校管理改革提出的要求,它是在适应和创新中发展起来的。

当前,我们正进入以知识为基础的经济社会。社会经济形态的变化对学校管理的理念、内容、体制、组织、模式、方法等都提出了变革的要求,学校管理也必须在适应这种变化中不断地调整自己的管理理念和管理行为。基于这种变革的社会和时代背景,以新的视野创新学校管理及其理论,通过系统梳理、超前思维和理性升华,形成适应社会经济发展对学校管理要求的学校管理理论,则是当前的一项现实而紧迫的任务。

本书具有四大特点:一是前沿性。每章内容在理论和实践上的相对前沿性。二是应用性。各章的内容除了理论阐述外,还突出了具有实践操作性的方法和工具。三是探索性。对于现实性和前沿性的问题,尽量把正反两方面的争论都呈现给读者,不作定论。四是可读性。本书的语言生动、活泼、有趣,同时辅以案例、寓言、事件、文件、图表等信息。

在撰写的过程中,本书参考和借鉴了国内外学者的相关学术研究成果,在此向作者致以诚挚的谢意,由于本人在知识和经验上的局限,书中不免有不足之处,恳请广大读者给予宝贵的意见。

# 目 录

## 第一章 现代教学管理的基本概念和思想 ... 1
### 第一节 教学、管理与教学管理 ... 1
### 第二节 教育管理、学校管理与教学管理 ... 6
### 第三节 现代教学管理的基本概念 ... 9
### 第四节 现代教学管理的基本思想 ... 13

## 第二章 现代教学管理的基本原理和原则 ... 18
### 第一节 现代教学过程的特点和规律 ... 18
### 第二节 现代管理的基本原理 ... 26
### 第三节 现代教学管理的基本原理 ... 30
### 第四节 现代教学管理的一般原则 ... 40

## 第三章 校本管理 ... 46
### 第一节 校本管理的基本概念 ... 46
### 第二节 校本管理的基本内容 ... 55
### 第三节 校本管理的几种实践模式 ... 60

## 第四章 课程管理 ... 62
### 第一节 学校课程管理的基本概念 ... 62
### 第二节 学校课程的设计 ... 66
### 第三节 课程设计方法创新 ... 71

## 第五章 人力资源管理 ... 74
### 第一节 学校人力资源管理的基本概念 ... 74
### 第二节 学校人力资源的开发管理 ... 78

# 第六章　教育教学管理方法的多维视野 …… 90
## 第一节　社会科学方法 …… 90
## 第二节　行为科学方法 …… 92
## 第三节　系统科学方法 …… 95
## 第四节　现代化教学管理手段 …… 106

# 第七章　教育教学创新管理 …… 111
## 第一节　传承与创新 …… 111
## 第二节　创新教育与素质教育 …… 116
## 第三节　教育的以人为本 …… 120

# 参考文献 …… 129

# 第一章 现代教学管理的基本概念和思想

教学管理是对学校教学工作进行的管理活动,长期以来,人们在教学管理实践中积累了丰富的经验,但只把教学管理作为一个理论问题专门地研究,还远远不够。随着学校教育教学的不断发展,这种研究变得越来越重要。在传统经验的基础上运用现代科学方法对教学管理进行研究,首先要明确什么是教学管理?教学管理的现状如何?教学管理的环境因素如何?等等,在此基础上系统地构建现代教学管理理论研究和实际操作的整体框架。

## 第一节 教学、管理与教学管理

教学管理,简单地说,就是对教学系统、教学过程进行的管理活动。因此,研究教学管理必须首先弄清教学和管理的本质,在此基础上建立教学管理的科学定义。

### 一、教学

教学是由教师的教、学生的学以及教材、教学方法、教学设备等众多因素在一定的时空环境内综合作用的复杂活动。根据人在活动中的重要地位,教学可以简约地认为是"教"与"学"双方共同组成的一种双边活动,是教师按照确定的教学目的,有计划、有组织、系统地引导学生学习知识与技能,培养智力和能力,促进学生全面发展的一种教育活动。从学校教育系统的全局来看,教学是学校贯彻教育方针,实现教育目的,培养合格人才的主要途径。教学工作是学校的中心工作。

根据系统论的观点,可以把教学看作为一个系统。教学系统十分复杂,科学、合理地分析其要素、结构和功能,是一件似易而实难的事。传统上认为,教师、学生、教材是构成教学系统的三个要素或子系统,这是一种理想化的做法,或者说这样界定的教学系统是狭义的教学系统。从教学活动的整体去全面地考察,决定或影响教学活动的因素,远不只教师、学生和教材三因素,还有其他许多因素,诸如教学目标、教学计划、教学方法、教学技术、教学工具、教学环境等,这些对教学活动来说并不是无足轻重、可有可无的,有些甚至起着十分重要的作用。因此,教师、学生、教材和这些众多因素共同构成了十分复杂的、现实的教学系统,称之为广义的教学系统,或大教学系统,教学管理中所指的教学系统应该是广义的教学系统。

进一步剖析教学系统的要素和构成,不妨从一般系统的要素定义来推断。系统是"处于一定相互联系中的,与环境发生关系(具有一定功能)的各组成部分的总体"。系统的各个组成部分称为系统的要素,要素是系统的主要元素。一个系统可能有很多元素,但当我们规定这个系统时,只选取其中主要的元素,这就是要素。教学作为教与学的双边活动,主要是由"教""学"及其中间媒介构成的,因而教学系统的要素应包括教师、学生和教学媒介。这种分析表面上与上述教学系统的三因素说相似,实际上是有根本区别的。这里的"教"或教师,既指教师的教学基本条件、教学技术和师表因素(言行风范等),也包括教师在教学中所遵循或采用的教的规律、教的原则、教的方法等;这里的"学"或学生,包括学生的学习能力、非智力因素(情感、意志、品格、习惯等)和学生在教学中所掌握的学的规律、学的方法等;教学媒介则指教学目标、教学计划、教学内容(教科书、教学参考资料等)、教学条件(手段、设施、设备、环境等)等。这是分析教学系统的一种比较科学、实用的方法,其特点是各要素及其构成成分都是教学活动中实际存在的因素,并将有关因素进行归类、合并成几个主要因素,因而既便于理论分析,又与实际紧密结合,便于实践使用。也有人把教学系统分解为教师、学生、教学内容、教学方法四要素,或者是教师、学生、教学内容、教学方法、教学手段、教学管理六要素等,这些与上述分类本质上是一致的,只是明细程度不同。

另一种对教学系统的分析方法是,对教师、学生、教学媒介等要素进行抽象地再分解,比如把教学系统各要素划分为人的因素、信息因素、管理因素、物质因素等,这些成分有些不再是教学实际活动中独立存在的因素,而是各因素中具有共同属性或形式的、起决定作用的构成部分的抽象。例如,人的因素是由教师、学生、管理者等教学中客观存在的具体的人抽象而成的;信息因素是由教学目标、教学要求、教学内容、教学状态、学习状态、教学过程中的各种反馈信息等抽象而成的。这种分析方法在理论上有重要的意义,比如便于自组织理论等现代科学方法的应用而得出许多有价值的结论,但对于实践使用不够直接、简明。这里采用的是上述教师、学生、教学媒介三要素分析方法。

教学系统各要素的性质、特点和作用,要素间的联系,整个系统的结构、环境和功能,系统的运行等,有着极其广泛、深刻的内容,构成了丰富的教学系统理论,为现代教学管理提供了重要的基础和依据。例如,把教学三要素看成三个构成维度,就形成了教学系统的一个自组织结构,这一结构为研究教学过程的规划设计、系统理论和系统评价提供了全面的要素条件。

教学系统作为时间的变量,所处状态形成一个连续变换的过程,就是我们通常所说的教学过程。教学过程是教学系统演化的动态过程,从结构的角度来看,就是教学系统的"动态"结构。研究教学过程,实际上是对教学系统的更深入、更具实践意义的探讨。

教学过程在形式上可以简洁而肯定地表述为教学双边活动的过程,但进一步分析其实质可能会产生歧义。比如教学过程是认识过程,抑或是发展过程,还是信息过程等,理论界有许多专门的论述。产生这些分歧的根本原因是,人们在研究问题时,总是要借助于一定的方法,而在应用某种方法的过程中,往往被这种方法所束缚,所得出的结论会带有这种方法的性质和特征。例如,用信息论的方法研究教学过程就认为是信息传输过程,用经济学的观点研究教学过程便认为是经济过程,从而得出许多奇异的结论,使人不知其然,难以抓住问题的本质。因此,只有避免了这些方法应用方面的问题,科学地应用各种有效的方法,并超脱于方法之上,才可能得出比较正确的结论。

探讨教学过程的本质,还有一个容易被忽视的问题是教学过程的相对性问题。应该看到,教学作为学校教育的主要途径,不同层次的教育显然有不同的过程特点。初等或普通中等教育,主要任务是向学生传授知识,训练技能,培养其认识能力,促进其发展,因而其教学过程主要是一种认识过程。但高等教育和中等职业教育,尤其是现代高等教育,其性质和任务与初、中等教育有很大的差异,比如学生的实践活动大大增加,动手能力增强,研究生教育等高学历人才的培养甚至以科学研究等实践性教学活动为主。因而其教学过程不能再被简单地认为是一种认识过程,应该有一个比较全面的理解。忽视教学过程的相对性,是长期以来在教学过程概念和本质的探讨中出现争论不休现象的重要原因之一。

根据我们的研究,对高等学校教学过程的本质可以作这样的描述,即教学过程是教师领导下学生认识和实践的过程。①教学过程本质上是一种特殊的认识和实践过程。教学归根到底是教师和学生参加的双边活动,使学生从不知到知,从不能到能,从而促进其全面发展,因而只能是一种以学生为主体的认识和实践活动。用信息论、控制论研究教学过程,只能从不同的角度进一步说明教学过程中教与学、学生与教材等各种关系,而不能改变教学过程的本质。②这一过程是在教师领导下进行的,这是与其他任何认识和实践活动所不同的。教师体现教学的目的,从方向、内容、途径诸方面有计划、有组织地领导学生认识和实践,促进学生的发展。而从学生的发展来考察教学过程也只是从结果来分析原因,难以说明原因的实质。③这一过程不仅是认识过程,也是实践的过程,这是与现代高等教育的特点和要求完全一致的。现代高等教育强调教学既要传授知识,又要培养能力;既要继承,更要创新。这就要求在教学中注重不断实践,促进知识、技能向能力的有效转化,提高学生解决问题和不断创新的能力。

当然,教学过程中的实践有其特殊性,教学实践是在教学目的的统一要求下,与教学认识相统一的实践活动,是教师指导下学生在特定的环境中进行的有计划、有组织的实践活动。

对教学过程进行分类,可从教学系统在空间和时间的运动关系来划分。在空间分布上,它分为四个相互包含的亚层次结构:从学生入学到毕业离校,称为全期教学过程;一门课程教学的开始到结束,称为课程教学过程;一个部分或单元教学内容的开始到结束,称为单元教学过程;单位课时教学内容的开始到结束,称为课堂教学过程。在时间顺序上,它分为三个亚层次结构,有前教学过程(如教学的规划设计、教学准备等)、课堂教学过程和后教学过程(如作业、指导、教学评价、课外阅读和科技活动等)。教学过程的这些亚层次是相互联系、相互依存的,有机地形成了教学过程的完整结构体系。

教学系统、教学过程的科学概念,为界定现代教学管理的概念、建立教学管理理论体系奠定了必要的和重要的基础。

## 二、管理

管理的作用和意义,无论是"向管理要质量",还是"向管理要效益",这些概念都已成为人们普遍接受的认识,甚至有人把管理与科学、技术相提并论为现代文明的三大支柱,但是,作为一项复杂的实践活动,在理解上"管理"也是一个有歧义的概念。从不同的侧面,中外学者把管理定义为"管理就是领导""管理是一种文化活动""管理就是决策""管理就是运用数学模型和程序最优地解决问题"等。由此可见,管理的确是一项复杂的社会活动,要完整、科学地定义管理,必须从多方面考察,抓住其本质和外延,然后做出综合定论。

逻辑学定义概念的主要方法,是用"上位概念(属概念)+种差"以及"外延相等"等原则来描述的,我们借助于这种方法,可以得到管理就是人们确立目标以及为了有效地实现目标而进行的一系列协调性实践活动。

这里主要包含三层意思:

(1)管理是一种实践活动:此即为管理的上位概念(也称属概念),这可从上位概念是指比该概念高一层次的,包含面更广泛的概念的含义来分析。管理作为人类的一种活动,是人们运用有关的管理科学知识,对管理对象进行的协调性活动,因而主要是一种实践活动。这里强调"实践活动"就排斥了认识活动,而实践活动是多种多样的,如社会生产、科学实验等,管理是一种"信息型"的特殊实践活动。所以,实践活动是管理的上位概念。

(2)管理的本质是确立目标和为了有效地实现目标而进行协调性工作:确立目标是指活动应该是有目的的,以目标统率整个活动正是管理的前提,而科学地决策以确定目标就是管理的重要内容。人们的活动能否有效地促进目标的实现,需要进行协调,因而,为有效地实现目标进行协调是管理的基本内涵。

(3)管理是一系列的协调性活动:表现为通常所指的管理职能体系,包括计划、组织、指挥、评价、控制等,因而协调是广泛的,这也正说明了管理是一项十分复杂的实践活动。

用系统论的方法研究管理是一个非常广阔的领域。管理系统包括管理者、管理对象、管理媒介三个构成要素,这三要素亦可看成是三个子系统。尤其是管理对象,具有复杂的系统性特征,从来就不是单因素的,一般也不是个别因素的,往往是一个多因素、多层次、多变量的复杂系统。可以说,任何管理实际上都是对某一具体系统的管理,因而管理理论必然建立在系统理论基础之上。社会是一个复杂的大系统,个人生产劳动(或其他活动)可以看作是一个小系统,管理便是联系小系统的纽带。系统理论认为,大系统的功能相对于各子系统的总和是不守恒的。因此,社会集体劳动生产(或其他活动)能力才有可能超过个人劳动生产(或其他活动)能力的总和。也就是当人们有序地组成社会后,对个人劳动生产能力之和可起放大和创新作用。而放大的倍率及创新的能力,则主要取决于管理功能的发挥。因此,管理虽然不能直接生产出具体的产品,但却是在生产过程中决定社会集体劳动生产能力的关键。

管理是联系被管理系统中各子系统的纽带,这种纽带作用表现在对被管理系统中各要素进行有目的的协调上,这正是管理能够对管理对象的功能起放大和创新作用的根本原因。系统理论认为,系统要素的协调是通过信息流促使物质、能量和信息的流通。在社会这个系统中,管理是通过信息(各种指令、文件、计划、通知、规定等)促使能量、物质和信息(主要是人力、财力、物力、信息、时间、空间等)的合理流通。所谓合理流通是指流通的种类、数量、方向、速度、效率、准确性的最佳配合,即合理的流通构成。由此可见,管理的本质是放大被管理系统的功能和产生子系统所不具备的新功能。

从管理系统的整体看(即不是把管理者置于管理对象的对立面,而是置于同一个系统内),由管理者、管理对象、管理媒介所构成的大系统实际上是一个自控制、自组织系统,所谓协调或管理只是管理系统的一种自控制、自组织行为。根据这一观点,管理系统的目标与被管理系统的目标是密切相关的,管理系统的目标是放大和创新被管理系统的功能,促进实现被管理系统的目标,因而在根本上管理系统的目标与被管理系统的目标是一致的。这也从另一方面说明了管理系统存在和发展的必要性,本书正是在这样的基础上展开研究的。

## 三、教学管理

有了教学和管理的准确定义,再来研究教学管理的概念就有了基础。如果按照逻辑学的方法,把教学管理定义为对教学进行的管理活动,应该说是可行的。但为了进一步弄清这一特殊管理活动的特点和规律,还必须进行更深入、更细致、更全面的考察。

1. 教学管理是指对教学进行的管理活动。这意味着教学管理从根本上是一种管理活动,而不是其他什么活动,因而研究教学管理应以现代管理学的基本理论为指导。

2. 正如我们在关于教学的概念中所指出的,教学管理所指的教学概念是广义的教学概念,它不仅包含教师、学生、教材等基本的元素,而且包含构成教学活动的所有因素,诸如教学目标、教学方法、教学手段、教学环境等。作为管理对象,教学是以系统形式存在的,而且是一个非常复杂的系统。在时间序列上,教学又是作为过程存在的,亦即教学系统的演化过程。因此,教学管理实际上是对教学系统、教学过程的管理,教学系统理论、教学过程的规律是教学管理的重要基础和根本依据。

3. 教学管理作为对教学进行的管理活动,既具有一般管理的内容,诸如确定目标、进行系统要素的协调等,又具有自身的特点。教学管理的主要特点有周期性、教育性、渗透性等。

(1)周期性:教学管理工作以确定的时间呈现出循环重复的现象,确定的时间即循环周期。就每一期学生的招生、入学、培训、毕业等全期过程来看,教学管理以各专业层次的学制为周期呈现周期性。如四年制本科学生的全期教学管理周期为四年,三年制硕士研究生的全期教学管理的周期就是三年。就每一学年的计划、组织、实施、检查、调控、总结等具体管理工作来看,教学管理以学年为周期呈现出周期性,教学管理就是按照周期循环程序不断前进的。一个管理周期结束,另一个新的管理周期继之开始。但是,后一管理周期不是前一管理周期的简单重复,它是继承了以前诸管理周期的最佳绩效,又解决了前一管理周期遗留的重要问题,并在新的管理周期中有所创新。因此,后一管理周期的水平应高于前一管理周期,呈螺旋式上升趋势。

(2)教育性:因为教学管理的目的是为了提高教学系统的效能,而教学系统的效能最终表现在实现教学目标、培育人才上。因此,教学管理工作根本上是为了更好、更多地培养和教育学生,这就要求教学管理工作要符合教育规律,适应青少年身心发展的特点,教学管理的一切方法、措施和活动,都要把"育人"放在首位,因而教管理过程同时也是一个教育学生的过程,教学管理具有教育性。

(3)渗透性:因为教学作为教育的主要途径,在学校教育中被广泛地应用,致使教学管理工作往往涉及学校教育、学校管理的各个方面。比如在学校思想政治工作、行政管理工作中,都把教学管理作为其重要手段或依据。渗透性也是教学管理的一个重要特点。

综合上述分析,教学管理是对教学系统、教学过程进行的特殊的管理活动,是为了确定教学目标和促进这一目标实现而进行的一系列协调性活动。教学管理具有周期性、教育性、渗透性等基本特征。

教学管理的系统概念是现代教学管理理论的基础,它建立在一般管理系统概念之上,但又有特殊的结构和功能。教学管理系统的要素包括教学管理者、教学管理对象、教学管理媒介,它们都有各自丰富的内涵。教学管理对象就是教学系统,可被认为是教学管理大系统的一个子系统。教学管理系统的要素联系、结构、功能和系统演化过程等,是教学管理系统理论的主要内容,也正是本书所包含的重要内容。

## 第二节　教育管理、学校管理与教学管理

要进一步把握教学管理的概念,还必须对教育管理、学校管理及其与教学管理的关系作辨析。

### 一、教育管理

教育管理,按照前面类似的方法分析,是指对教育工作、教育活动进行管理的活动。由

于人们对教育概念的理解不同,对教育管理概念的理解也就不同。

教育有广义与狭义之分。广义的教育泛指一切可以增进人们知识、技能、身体健康以及形成或改变人们思想意识的活动。除了专门的学校教育,其他一些社会性活动,诸如政治集会、法律教育、文化艺术、思想宣传等活动,都可被认为是广义的教育,这是一种大教育观。狭义的教育是指社会通过学校对受教育者的身心所施加的一种有目的、有计划、有组织的影响,以使受教育者发生预期变化的活动。狭义的教育也就是学校教育。作为管理的对象,广义的教育所对应的教育管理是一种大教育管理,它可包括政治法律教育管理、文化管理、思想宣传管理等,这在一定程度上属于"教育救国论"者的基本观点。狭义的教育,即学校教育,所对应的教育管理又可进一步分为两类:一类是宏观层次上,国家或社会对教育事业的管理以及各级教育行政部门对各类学校教育的管理,通常称为教育行政管理;另一类是指学校内部的微观管理,通常称为学校管理。教育管理学中所指的教育管理的概念是相对于狭义的教育概念而言的,包括教育行政管理和学校管理两个部分。

教育行政管理,又称为教育行政,属于宏观教育管理。教育行政管理主要是指通过立法、督导、评价、控制等方法,科学地组织和调整教育系统内各机构和部门之间的相互关系,充分发挥人力、财力、物力的作用,为实现教育目的创造良好的条件。教育行政工作的内容包括:教育领导、教育立法、教育组织、教育制度、教育人事、教育督导、教育经费、教育评价、教育方针、教育预测等。教育行政工作在对象层次上包括对高等教育、普通教育、职业技术教育、成人教育、学前教育、特殊教育等各级各类教育事业的管理。

学校管理是对学校内部各项教育工作的管理,属于微观教育管理,在其原理、内容和方法上也有其独有的特点,是教育管理整体的重要组成部分。

## 二、学校管理

学校管理,即对学校内部以教学为中心的各项工作进行的管理活动。学校管理是学校管理人员合理地组织和使用学校的各种力量,对学校工作的各个方面以及各种因素进行有效的协调,以达到全面贯彻国家教育方针,有效地实现培养合格人才的目的。

学校管理不同于其他管理的显著特点:一是学校是一个教育组织,因此其管理工作注重教育性,一切规章制度、措施都应把"育人"放在首位,所谓的"教书育人、管理育人、服务育人"就突出说明了这一点;二是学校管理过程具有程序性,因为人才培养是有质量要求和标准的,实现这种质量标准要靠师生双方完成一系列工作,这种工作是有序的,因而需要按照相应的客观要求加以程序控制;三是各级各类学校管理既具有共同的方面,又根据人才目标、层次和专业特色的不同,在管理方式上也有所不同。比如各类高等院校在课堂教学管理等微观教学管理方面都是类同的,但在专业管理等宏观教学管理方面,可能有较大差别,大学专科、本科和硕士研究生、博士研究生的教学管理之间当然也有显著差异。

学校管理的主要内容包括学校教育规划、教育目标管理、师资队伍和干部队伍建设、教学管理、德育工作管理、体育卫生管理、科学研究管理、财务后勤管理、勤工俭学管理、生产劳动管理等。学校管理的一条重要原则是以教学为主,全面安排,整体协调。因此,在学校管理各项工作中,教学管理是中心环节。

## 三、教学管理

教学管理,是对学校教学工作进行的管理。它是学校管理的一个部分,但又不是一个普通的部分,在学校各项管理工作中,教学管理占据着突出且重要的地位。

(1)学校的基本任务是培养人才,学校的各项工作都必须围绕培养人才这个中心来展开。而人才的培养主要是通过教学活动进行的,学校教育的各个方面几乎都离不开教学这一教育形式,如德育、智育、体育、美育等,大都采取第一课堂或第二课堂教学的方法。因此,学校工作必须以教学为主,教学管理是学校管理的中心环节,搞好教学管理工作是顺利进行学校管理的基础。

(2)教学管理受教学过程的客观规律制约,而教学过程又是一种进向不确定的动态系统。这是因为教学过程中的随机因素复杂,其效果不确定性非常显著,即教师教了以后,学生不一定就懂,要使教师教好,学生学会学好,就要有一定的措施加以保证,这就需要管理。教学过程不只是教师个体的活动,同一教师要同时教多名(不同的)学生,不同的教师又要教同一名学生,在教学内容、方法手段上更是多种多样,教与学之间形成了复杂的网络结构,为了保证教学工作的顺利进行,也需要进行管理,不然就无法协调各方面的活动。因此,教学管理在学校中的重要地位是由于学校的客观规律所决定的。

(3)教学管理担负着对学校全体教师和学生的管理。学校管理最重要的是人的管理,教师和学生是教学活动中最主要的因素,也是学校的主体。在学校,教师的任务是教书育人,学校工作搞得如何,学生发展得如何,教学质量高低等一切都与教师密切相关。怎样提高教师的素质,怎样才能充分发挥教师的主动性、积极性等,都是教学管理的重要任务。而学生是教学过程中最积极、最活跃的动态因素,是学习的主体,学习和教学的效果如何,很大程度上取决于学生的学,包括学习态度、学习方法等。教学管理就是要加强学生的组织管理,培养良好的学风,创造良好的学习环境,并组织第二课堂活动,与课内教学相补充,形成完整的教学体系,全面提高教学质量。因此,教学管理对于教师、学生的管理,以及对整个学校的管理有着非常重要的意义。

教学管理的基本任务是根据确定的培养目标,按照一定的管理原则、程序和方法,去组织协调教学过程中的人力、物力、财力、时间和信息等,建立正常的、相对稳定的教学秩序,保证教学过程的畅通,使教学过程达到协调化、高效率与最优化,确保教学任务的完成,培养德智体全面发展的合格人才。教学管理必须紧紧围绕这样一个功能目标,加强对从招生至毕业分配的全过程中每个阶段、每个环节的管理,处理好教学系统与整个学校系统、教学系统与大系统中其他各个子系统以及教学系统内部诸子系统之间的关系,实行教学工作全过程、全系统的质量管理,才能最终保证教学质量,培养合格人才。

教学管理作为学校管理的一个部分,与其他部分相比,也是特别复杂的。如前所述,教学本身是一个要素极其复杂的系统,因而教学管理的范围是极其广泛的。教学管理的主要内容包括教学思想管理、教学制度管理、专业管理、课程管理、教学质量管理、第二课堂管理等。在教学管理系统内,甚至包含学校管理工作中其他管理的成分,如教师管理、学生管理就是一种人事管理,教学经费管理就是一种财务管理。

综上所述,教育管理、学校管理、教学管理是三个相互联系但又相互区别的重要概念。教育管理是教育领域、教育系统最广义的管理概念。学校管理是对教育领域中学校内部教育这一特殊子域的管理,是微观的教育管理。换句话说,学校管理系统是教育管理系统的一个子系统,而且是一个真子系统,即它并不能包含教育管理的全部,仅仅是整个教育管理的一个部分。而教学管理又是对学校教育中教学工作的管理,虽然它是学校管理的核心和主要环节,但也不是学校管理的全部内容或环节,教学管理系统也只是学校管理系统的一个真子系统,不能包括或取代学校管理系统。

## 第三节 现代教学管理的基本概念

### 一、教学管理的历史与发展

教学管理是对学校教学工作的管理,从这个意义上,什么时候出现了学校教育和教学,什么时候就有了教学管理。

据史籍记载,我国在先秦时期已初步建立了有关教育和教学的管理制度。例如开学要行"释菜之礼",对学生进行入学教育;要祭祀先圣先师,对学生进行尊师重道的教育。一年的课程有大致的安排,所谓春夏学干戈,秋冬学羽龠,并兼而读书、学礼等。战国时期的稷下学宫,建立了一套管理制度,据说《管子》中的《弟子职》就是稷下学宫的学生守则。这是我国教育史上第一个较完整的学生守则,并成为后世各类学校学规、学则的范本。盛唐时期,学校大兴,创建了医学、算学、书学、律学等专门学校,形成了比较完备的学校教育制度。从中央到地方,有一整套的学校体制,初步建立了教学管理的学籍、学则制度,对升级、退学、入学资格、修业年限、考试、作息等都有详细规定。比如考试,隋唐学校以考试作为管理教学的重要手段,官学建立了旬考、月考、岁考、毕业考制度,蒙学也是这样,用考试督促学生学习。宋元以后,我国蒙学发展成熟,不仅有成套教材,而且有教学计划问世。最先出现的教学计划是算术教学使用的,即数学家杨辉编撰的《习算纲目》。后来家塾也编撰了教学大纲,这就是著名的《程氏家塾读书分年日程》。

20世纪以来,随着学校教育教学工作的专门化、复杂化,教学管理工作也走上专门化、制度化轨道。

当代西方普遍重视学校教学管理,在教育整体改革中探讨学校教学管理改革,形成了各具特色的教学管理体系。如日本把教学视为学校教育的中心工作。中小学对教学的管理主要是制订各科的教学计划,保证与监督教学计划的实施,评价教学的效果以及改善教学计划。学校都有守则,明确规定了修业年限、学年和学期工作、学科设置和安排、教职员人数和学生人数的比率、学历及其奖惩等有关事项。日本的高等教育有国立、公立、私立三种,在专业设置等方面各有侧重,层次结构上有四年制大学及研究生院、短期大学、高等专科学校、专修学校(专门课程)和职业训练学校。高等学校内部教学管理采取灵活多样的方法,如对研究生的教学管理,在培养目标上既培养"研究者",又培养"高级职业人才";在课程设置上,有硕士课程、博士课程、五年一贯制博士课程和累积方式的博士课程四种类型;入学资格、修业年限、学期制、入学日期比较灵活;学位种类也比较多。日本学校的教学管理普遍讲究效率,教职员的职责分明,中小学只设一校长、一教头来主管学校的校务和教务,各科主任都积极配合学校的教学工作。学校注意发挥各种职能(计划、组织、指示、调整等)的协调作用,经常通过评定、检查和研究工作来加强教职员的责任心,提高教学效果和教学质量。美国教育管理采用地方分权制,无论是高等或中等学校,各州、学校自行管理,其内部教学、学术事务一般由学校自治,因而各州学制、学校种类、教学计划、教学大纲、教科书、师资培养和核定乃至实施义务教育的年限等,各不相同。美国高等学校及其教学体制也比较复杂,创设了一种初级学院,试行转学性课程计划,学制2～3年,招收中学毕业生,初级学院毕业后再升入大学高年级,大学毕业后升入研究院,获取高级学位。根据各级高等学校的教学目的及学术水平,美国目前实行副学士、学士、硕士、博士学位制,并建立了系统的学位管理体制。

从以上阐述可以看到,自古以来,中外学校教育中就有教学管理的思想和形式存在,并在近现代得到充分的发展,形成一定的管理体系,在学校教育教学实践工作中发挥着越来越重要的作用。但是,把教学管理作为一个独立的课题,进行专门、系统地理论研究,无论中外,都还是刚刚开始。从已有的研究看,对教学管理的探讨一般有以下几种情况一种是把教学管理作为学校管理的一个分支,在学校管理的著作中专辟一章加以研究。我国出版的十几种学校管理著作,几乎无一例外地都有"教学工作的管理"或"教学管理"章节。在这个意义上,教学管理研究的历史可以追溯到20世纪末,即学校管理学诞生的时期。另一种是对教学管理的专题探讨,这类研究在我国教育理论界比较普遍,如韩文成的《高等学校教学管理规律初探》、陈吉昆的《高等学校教学管理初探》、霍尔的《浅谈P、D、C、A的教学管理职能》等,这类文章广泛散布在有关学术刊物中。这两种情况,前者是站在学校管理大系统的全局考察教学管理子系统,缺乏深入、细致的研究,后者大多集中于教学管理的某一个侧面,缺乏教学管理理论的全面性、系统性,这些与教学管理的重要地位和作用是不相符的。

随着教育管理理论的不断发展,人们发现了一些不足,并开始进行系统的研究。例如:我国华东高等教育管理研究会的工作人员,在认真总结我国高等学校教学管理的理论和实践的基础上,由刘玉柱主持编写了《高等学校教学管理》;江苏省高等学校教学管理研究会的戚焕林、丘坤荣合作编写了《高校教学管理基础》;我国军队院校的工作人员积极研究军队院校教学及其管理的规律,由高润清、郝景芳教授分别主持编写了两本《军校教学管理》著作等。目前这一类研究还在持续进行。所有这些说明专门、系统地探讨教学管理的基本规律,把教学管理的经验上升到理论层次,建立教学管理的专门学说,既是十分必要的,同时也是客观可能的。

## 二、现代教学管理的概念

(一)从传统教学管理到现代教学管理从教学管理的发展历史可以看到,过去的教学管理基本上是一种经验管理,又带有行政型管理的特点,即依靠法规权威进行管理的特征。经验型管理与行政型管理的共同特点是,管理对象比较简单,主要依靠经验或某种规定权威进行管理,缺乏科学的管理理论等。我们把经验型教学管理和行政型教学管理统称为传统的教学管理。

传统的教学管理在过去曾经是很有成效的,有些至今还是十分重要的方法。然而,随着社会和学校教育的发展,这些传统的管理方法在实践中运用起来不那么灵验了。造成这种情况的原因主要有两点:一是随着政治经济和科学技术文化的迅猛发展,社会环境与学校教育的关系越来越紧密,比如科技文化的发展导致社会传播媒介(广播、电视、电影、报刊等)的作用剧烈增长,使得各级各类学校的教学活动都受到了巨大冲击;二是教学系统具有开放性,社会的不断发展变革对教学系统的三个要素即教师、学生、教学媒介产生了重大影响,促使三要素及其之间的相互作用、相互联系发生巨大变化,形成教学活动的动态结构。这两个方面,用系统理论的语言来描述,就是教学系统与环境的相互作用,在广度和深度上比以前大大加强了,教学系统内部三个要素本身和要素间的相互作用与以前大不一样。面对这种新情况,盲目搬用过去的老经验,用传统的管理模式管理当前的教学活动,势必会遇到不可克服的矛盾。我们应当总结历史上教学管理的丰富经验,找出其中的规律性东西,运用现代科学理论加以改造,使经验上升到理论,逐步建立"教学管理学"理论体系,进而运用这一理论指导对现实的教学活动进行管理,这是现代教学管理的任务。

(二)现代教学管理的概念和特征

现代教学管理,就是根据长期以来教学管理实践经验所反映出的教学管理规律性,运用现代科学理论和方法,进行总结、概括和升华,建立教学管理的科学理论体系,进而指导现代条件下的教学管理实践。现代教学管理是在传统教学管理基础上发展而来的,是对传统教学管理的改革和发展。现代教学管理具有以下五个重要特征。

**1. 以科学的教学管理理论为指导**

现代教学管理不同于传统教学管理的首要特点,就是在传统教学管理基础上,发展形成了科学的教学管理理论。这一理论揭示了教学管理的运动和发展规律,为现代教学管理实践提供了理论依据。建立教学管理的科学理论,要以系统论、信息论、控制论、自组织理论等现代学科为基础,积极吸收现代管理科学的理论成果,并借鉴相关学科的基础理论和专业知识,如教育哲学、教育学、教育经济学、教育社会学、教学论等教育科学理论和概率统计、模糊数学、运筹学等数学专业知识,紧密结合传统教学管理的丰富经验和当代教学管理的实践特点,探索现代教学管理的基本规律,形成科学的教学管理理论体系。

**2. 建立合理有效的教学管理体制**

管理体制也称管理组织机构,是由各级各类管理人员按照不同的分工和一定的职权关系组成的管理者集合体。合理有效的教学管理体制的标志主要包括以下几点。

(1) 便于统一指挥:保证基层组织和个人服从统一号令,执行统一计划。

(2) 便于信息流通:保证管理信息的及时收集、处理和反馈。

(3) 效率高:具有较高的管理时效性。

(4) 效益高:在保证效率的前提下,减少管理层次,节省管理投入,提高效益。合理有效的管理体制是现代教学管理思想、目标得以贯彻实现的基本保证。

**3. 合理运用科学的管理方法**

针对不同的具体对象,采用不同的科学方法进行管理。主要包括以下几点:

(1) 运用社会科学方法:了解教学管理系统的环境,推广教学管理成果等。

(2) 运用行为科学的方法:进行教师、学生等人员管理。

(3) 运用数学模型方法:进行量化管理,辅助教学管理优化决策。

(4) 运用系统方法、信息方法、反馈方法等,进行教学及其管理系统的整体设计、协调和控制等。

**4. 管理手段现代化**

教学管理手段现代化主要包括两个方面的内容。

(1) 教学管理信息传递手段的现代化。如通信网络、无线电通信、传真设备、闭路电视等在教学管理中的应用。

(2) 教学管理信息存贮、处理手段的现代化。主要是计算机辅助决策和管理。

**5. 教学管理人员有良好的素质**

良好的素质包括较高的个体素质和合理的群体结构。

(1) 较高的个体素质:思想品德高尚;具有较广泛的文化科学知识,具有某些专门的学科知识,具有较系统的教育科学知识和管理科学知识;有较强的组织协调能力。

(2)合理的群体结构:指合理的知识结构、年龄结构和学历结构等。

## 第四节 现代教学管理的基本思想

教学管理理论应该是一个完整的科学体系,包括教学管理的基本思想、教学管理系统的基本理论和教学管理系统的操作原理等。这里先简要叙述现代教学管理的基本思想,为建立现代教学管理的理论体系和操作体系提供基本的思路。

### 一、现代教学管理的基本思想

现代教学管理的基本思想主要有以下五个基本观点。

（一）以质量为核心的管理思想

质量是一切有目的的行为或社会活动存在与发展的基本条件。加强质量建设,是现代社会各项事业发展的客观要求,也是学校生存和发展的客观要求。学校质量建设体现在学校工作的各个方面,包括管理工作。以质量为核心进行教学管理是学校质量建设的必然要求和重要内容。以质量为核心的管理,就是要牢固树立质量观念,不断增强质量意识,积极运用科学方法进行有效的质量管理,进而带动全面管理。确立以质量为核心的管理思想,概括起来就是要坚持三个基本观念,即全面人才质量观念、全面创造质量观念、全面质量管理观念。实施以质量为核心的教学管理,就是要以这三个观念为指导,针对教学管理实际,运用各种科学的管理理论和方法,建立以教学质量管理为核心的现代教学管理的科学体系,通过这一体系的实现,保证教学质量的不断创造和提高。

（二）以人为本的管理思想

学校工作的根本目的是培养人才,即学生;要办好学校必须依靠人才,即教师、干部和职员。因此,充分发挥广大教职员工的积极性与主动创造性是提高办学水平和人才质量的基本保证,以人为本是学校教学管理的重要原则。尤其是随着社会的发展变革,对教学系统中人的因素,即教师和学生产生重大影响,使人的因素发生巨大变化。因此,新时期学校教学管理以人为本更为必要,也愈加复杂。首先,学校领导和各级管理者必须从思想认识上明确、统一以人为本的管理思想。其次,在实践中采取切实有效的措施,激发全体人员的自主意识、自主精神,促使全体人员参与管理活动,确保他们的主人翁地位,强化主人翁责任感。再次,引进和完善竞争、激励机制,建立适合学校特点的,能够奖勤罚懒、奖优罚劣、优胜劣汰的管理新体制,敢于奖励,敢于突破,充分调动全体人员的积极性,发挥主观能动性,达到提高质量、提高效益的目的。

（三）科学管理的思想

教学管理有经验型管理、行政型管理、科学型管理三种基本模式。纵观学校教学管理的历史,无论是专业、课程、课堂教学管理领域,还是教学体制、教学行政等方面,大都依靠经验管理或者行政管理模式,而经验的狭隘性、行政的专制性等弊端无疑阻碍了管理改革的进一步深化。随着时代的发展,学校教育教学面临新的形势,管理对象日益复杂,只有采取现代化的科学管理,才能适应新的需要。科学型教学管理,就是以揭示教学管理运动客观规律的科学理论为指导,根据客观事实,选用适当的科学方法和先进的技术手段,进行有效的管理。运用科学管理,首先,要发挥理论的指导作用,对管理中出现的新情况、新问题,只有在理论上加以探讨,弄清对象发展运动的规律,才能对管理实践提出可靠的行动指导,保证管理的科学性、有效性。其次,要选择适当的管理方法,进行优化的管理设计,严密的组织协调,系统的检查评估,有效的反馈控制,确保工作不断改进,实现工作目标。再次,善于运用计算机、通信和闭路电视系统等现代化管理手段,建立专门的教学管理信息系统,快速可靠地获取管理信息,处理信息,以支持管理决策和控制,有效地提高管理水平。

(四)民主管理的思想

民主化是现代社会发展与进步,包括教育发展与进步的重要标志和任务。教学管理的民主化是教育民主化和管理民主化在教学管理中的具体反映和体现,也是现代教学管理的重要特点。教学管理民主化,是指教学管理应充分发扬民主,调动全体被管理者的积极性和创造性,参与管理的过程。

(五)管理就是服务的思想

教学管理是学校教育教学各项工作的基本保证。这种保证实质上是一种服务保障,通过管理统筹规划,组织实施,协调关系,达到把握方向,正规秩序,激发活力,创造人才成长的良好环境等目的,所谓管理育人、服务育人、环境育人都是其具体体现。因此,教学管理要树立和坚持管理就是服务的思想:一是加强管理保障人员的思想教育,从思想认识上明确、统一管理就是服务的思想,端正服务态度;二是针对管理工作的特点,切实搞好服务保障。管理的服务性是由学校以培养人才为目的的特点决定的。教学管理的计划、组织、控制等各项职能和工作,都是以教学工作为服务对象,目的都是为了实施和改进教学,促进教学目标的实现。因此,教学管理人员应明确目标、明确职责,把服务落实到管理的整个过程中,通过积极服务来提高管理效益。

## 二、全面教学质量管理是以质量为核心的教学管理思想的具体体现

以质量为核心是学校教学管理运动内部规律的客观要求。在实践中贯彻以质量为核心的教学管理思想,就是要针对教学管理的实际,借鉴或运用全面质量管理等理论和方法,建立科学的全面教学质量管理体系。

(一)全面质量管理与教学质量管理

全面质量管理原为企业管理的一种重要理论和方法,是指工业企业为了保证和提高产

品质量所采用的一套完整的质量管理理论和方法。它以满足用户质量要求为目的,充分发挥全体人员的积极性,综合运用各种方法对产品的研制、生产、使用全过程中的各项质量影响因素进行控制,以确保产品质量。全面质量管理的主要特点在于管理的全面性,一般有三方面含义:一是管理的对象是全面的。它不仅管产品质量,还管产品赖以形成的全部工作质量。二是管理的范围是全面的。实行对全过程的质量管理,体现了预防为主的客观要求。三是要求参加质量管理的人员是全员的。

全面质量管理方法,是20世纪60年代美国首次提出的。近几十年来,全面质量管理不断发展、完善,出现了许多新的形式或具体组织方法,如"无缺点计划活动""质量管理小组"等,同时,一些新的技术,如计算机辅助设计、管理信息系统等,也被引入全面质量管理中。随着社会实践和科学技术的发展,管理技术、专业技术、现代科学方法的综合运用,全面质量管理已形成完整的理论和方法体系,它不仅在企业管理中得到运用,而且在非物质产品生产部门也开始试用,并取得成效,这些对现代教学管理有非常重要的借鉴意义。

长期以来,我国学校对教学质量的管理,主要采用的是"事实检验"的方法,即通过对学生学习成绩的考核和统计,进行教学质量的检查,来促进教学质量的提高。这种方法虽然在一定程度上可以检验教学工作的质量、推动教学工作的前进,但也存在一些不足之处:一是这种考核是事实检验,一般是在某一教学过程的末期对已形成的教学质量进行考核,这时质量问题已成事实,考核的结果对这一教学过程的教学质量的提高已没有意义,只能在后一教学过程中采取补救的办法,但有些问题(如学习习惯)补救也来不及了;二是对学生学习成绩的考核要受到多种因素的影响,如试题的难度、范围等,可能使考核的成绩可信度降低,如果仅仅依据对这种成绩的分析来判断教学质量的高低,可能会挫伤学生、教师的积极性,仅仅依据这种分析来采取提高教学质量的措施也是不可靠的;三是即使考核成绩准确可信,可以反映学生的学习质量,但由于形成学生学习质量的因素和过程非常复杂,"因"与"果"之间是非线性的复杂关系,仅由"果"往往难以判断"因"的客观情况,从而对改进教学难以提供具体、准确的意见。因此,要很好地发挥教学质量管理的作用,就必须突破传统的管理模式,变"事实检验"为"事前控制",由单纯的考核转变为控制影响教学质量因素,由个别环节的质量管理变为全过程质量控制,这些正是现代教学质量管理对全面质量管理思想和方法的必然要求。

(二)全面教学质量管理基本体系

全面教学质量管理,是指充分调动院校全体人员,综合运用各种科学方法和手段,对影响教学质量的各种因素、各项工作进行有效的控制,使之向着有利于提高教学质量的方向发展,以保证教学质量的提高,进而实现培养目标的一种教学管理模式。全面教学质量管理的基本观点包括三个方面:一是为目标服务的观点。包括教学目标为人才目标服务,过程目标为整体目标服务以及教学过程内部前一教学环节为后一教学环节服务等含义。二是控制工作质量的观点。即用提高工作质量的办法来创造和保证学员的培养质量,而不是只靠考试的办法来检查质量。三是系统整体性的观点。即把全校各项工作围绕着提高教学质量这个核心有效地组织起来,使它们形成最佳的整体功能,以实现最佳的教学效果和教学质量。全面教学质量管理具有三个基本特点:①全面性,即对学校的全部工作都要进行质量管理。②全程性,即对学校人才培养的全过程进行质量管理。③全员性,即学校全体人员都要参与教学质量管理。

在学校管理实践中实施全面教学质量管理,应从教学管理的全系统、全过程出发,通盘考虑,优化设计,灵活实施。主要方法和措施包括以下三个方面:

(1)正确树立全面教学质量管理观念。正确树立全面教学质量管理观念是实施全面教学质量管理的前提,一是要提高思想认识,充分认识质量管理在整个教学管理中的核心地位和作用,树立正确的以质量为核心的教学管理思想;二是要准确地把握教学质量管理的内涵,弄清全面教学质量管理为目标服务、控制工作质量、系统整体性三个基本观点和全面性、全程性、全员性三个特点;三是发展地理解全面教学质量管理观念,随着管理对象、管理方法、管理者素质的不断变化,全面教学质量管理本身是不断发展变化的,尤其是现代科学技术的迅速发展,对人才质量、教学工作质量和管理技术都提出了新的要求,应根据新的形势、新的需要,调整完善全面质量管理观点。

(2)系统设计,把教学质量管理贯穿于教学管理全系统、全过程。过去,人们形成片面的认识,认为教学质量管理仅仅指学生成绩考核等质量评价环节,这种观点显然是不当的。难以想象,仅由学生学习考核来管理质量,而其他教学管理活动都不谈质量问题,这些教学管理活动又有何价值和意义?学生学习质量又何以保证?事实上,任何管理活动都有质量问题,我们在进行一项管理活动以及评论这项管理活动效果的好与差,都是按某种标准进行对照比较的,这其实就是质量问题,达到标准的程度越高质量就越好,达不到则质量差。因此,任何管理活动都包含着质量问题,管理与质量管理是分不开的,不讲质量的管理不可能存在。所以,在管理活动中进行质量管理,实际上是一种贯穿于整个管理体系的管理思想,而不是一种具体的管理职能,那种把教学质量管理与其他教学管理工作相脱离、作为一项独立的教学管理工作的做法是不正确的,应该树立整个教学管理都是质量管理的正确观点,这正是以质量为核心的全面质量管理思想。在管理实践中,要将质量管理贯彻到各项具体教学管理活动中,这就要求我们在进行各项管理工作时,始终坚持以质量为核心,建立相应的工作标准,采取有效方法进行质量评价和控制调节,使之向工作标准靠近,促进教学质量提高。从教学系统的要素结构和运行过程来看,教师的教、学生的学、教学的基本条件是影响教学质量的三要素,因而也是教学质量控制的基本内容;教学计划的制订、招生工作、教学实施过程、毕业工作等是全期教学过程的主要环节,因而也是教学质量控制的重要内容;此外,教学管理的其他工作,如教学管理机构和队伍建设、教学管理手段建设等,也是全面教学质量管理的重要工作。

(3)强化全面教学质量管理机制。我们说的要将教学质量管理贯穿于教学管理各项工作和全过程,并不否认在教学管理体系中有专门的教学质量管理方法与技术,而是要将这些方法技术与各项教学管理工作有机结合起来,形成全面教学质量管理的合理机制。这一机制主要内容包括:一是要制订明确的质量标准,包括人才质量标准和各项工作质量标准,形成完善、可行的质量标准体系;二是进行严格的质量检查评估,根据质量标准进行制度化、经常化的质量检查评估,及时、准确地掌握工作实际情况,为改进工作、提高质量提供可靠依据;三是进行有效的质量控制,通过质量评估的各类信息反馈,把控制调节贯穿于各类人员、各个阶段、各个层次、各个环节和各项活动中去,实现全员、全程、全面的质量控制,以确保提高各项工作质量和人才培养质量。

## 三、现代教学管理思想对教学管理理论与实践的启示

现代教学管理的基本思想和特点对教学管理理论和实践提出了新的要求,提供了基本思路。

(1)现代教学管理的指导思想。以质量为核心,以人为根本,科学与民主相结合,有效地实现教学管理的服务保证功能。

(2)现代教学管理的基本思路。用系统的观点、理论和方法,建立以质量管理思想为核心的现代教学管理系统,探索系统内教师、学生、教学媒介、管理人员等要素的作用关系和系统运行的客观机制,在此基础上进行系统操作,发挥决策与计划、组织与实施、指挥与协调、评析与控制等管理职能作用,有效地实现教学管理系统的目标。

以上观点阐明了现代教学管理的指导思想和基本思路,同时也正是本书展开讨论,建立现代教学管理理论和操作体系的基本内容和方法。

# 第二章　现代教学管理的基本原理和原则

原理即对客观事物的实质及其基本规律的表述。现代教学管理的实质是什么？有哪些基本规律？要弄清这一问题，必须从教学过程的特点和现代管理原理入手，只有研究清楚教学过程的特点，才能够结合教学管理的具体实际，运用现代管理理论和方法，探明现代教学管理的特点和规律。本章首先阐述现代教学过程的特点和现代管理的基本原理，在此基础上研究现代教学管理的基本原理和原则。

## 第一节　现代教学过程的特点和规律

教学过程具有相对性，不同层次的学校教育有不同的特点。初等或中等普通教育，其教学过程主要是一种认识过程，而高等教育或中等职业教育，其教学过程是认识和实践统一的过程。随着学校教育和教学改革的不断发展，这些特点越来越明显。因此，现代教学过程的规律也具有相对性，我们来分别进行阐述。

### 一、普通学校教学过程基本规律

普通学校教学过程从本质上来说是一种有组织的认识过程。在这个过程中主要是通过知识的传递和掌握来促进学生身心发展的。由教师代表社会所提出的教学要求和学生原有的知识、能力和发展水平之间的矛盾是推动教学过程发展的动力。教学过程中其他矛盾都是在这样一个基本矛盾中派生出来的。例如：为了使学生实现知识的转化就要处理好教师、学生和教学内容的矛盾，教学内容和教学手段之间的矛盾，教师和学生之间的矛盾；为了使传递和掌握教材的过程尽可能与促进学生发展的过程统一起来，这就要处理好知识体系的逻辑序列和学生心理发展序列之间的矛盾，学生已有发展水平和教材要求的发展水平之间的矛盾等。在这些矛盾关系中，认识的主体和客体、知识和发展、教和学这三对关系的矛盾运动是众多关系中的联结点。因此，决定教学过程的基本规律有以下三条。

（一）教学认识过程简约性的规律

在教学过程中，教师引导学生掌握知识的过程就是要把人类的认识成果转化为学生个体认识的过程。这一有组织的认识过程要以哲学的认识论为指导，但又有它本身的特点，它所要解决的主要是怎样把人类长期积累起来的基本认识能够最有效地转化到学生个体的认识中去，是研究在有限的学习期间怎样使学生的个体认识迅速提高到社会所要求的水平上来。因此,教学过程是人类总体认识和学生个体认识之间重要的联系环节和纽带。教学过程的这一功能特点就决定了它必然是一种简约的认识过程。学生在教学中的认识过程从认识的对象、认识的环境到认识的活动方面都有它本身的特点。

(1)学生认识的对象以系统的知识为主。在教学过程中,学生的认识对象主要是经过前人无数次实践总结的认识成果,即概括了的知识体系,且一般都是以书本知识的形式体现出来的。

(2)学生在教学过程中的认识活动是在教师引导下,在特定的教学环境中进行的。教师根据教学的要求,借助于各种必要的教学设备、设施,运用各种专门制作的教具等手段,采用各种有效的教学方法所组织起来的这样一个特定的教学环境,使学生的认识具有较明确的指向性和较大的可控性,使他们有可能在规定的学习期限内获得预期的效果。

(3)教学过程中学生的认识活动具有特殊性。首先,由于学生所认识的学科知识是统一规定了的,学生自己一般无权选择,因而学生一般不熟悉,甚至不感兴趣,为了发挥学生在认识过程中的主观能动性,教师就必须十分重视激发学生的学习动机。其次,由于学生认识的主要是高度提炼和概括了的他人认识成果,是间接经验,缺乏个人亲身体验,学习后遗忘得快,这就要求重视知识的巩固和检查,并组织必要的实践活动以丰富学生的感性认识,加深学生对理性知识的理解。再次,由于教学过程中学生的认识有上述的特点,因而在他们的认识序列安排上也不应照搬人类一般的认识过程,应根据学生的年龄特征和学科的性质不同而选择各种合理有效的序列。

(二)学生的发展以认知教材为基础的规律

(1)教学和发展是相互制约的。教学和发展各有自己活动的规律,因此两者之间不能等同,但它们之间又不是互不相关的。一方面,有系统、有组织的认知活动可以促进个体的发展;另一方面,发展又为实现教学任务提供了有利条件。因此,教学和发展是相互依存、相互影响的。

(2)教学中的发展要以教材为中介。教材中所反映的知识体系是人类在反复认识过程中所取得的最基本的认识成果,是人类智能活动高度的结晶,在教材中还凝聚了各种情感、意志、性格等精神的力量,因此,教材不仅具有智力的价值,而且还具有伦理的、美学的多方面教育的价值,对学生心理品质的发展具有较大的影响。

(3)教学中的发展必须通过有组织的认知活动才能实现。这种有组织的认知活动对学生发展的影响有两个方面:一方面,学生在学习教材时不仅是一种认知活动,而且不可避免地同时有各种心理活动的参与,如认知过程本身的心理活动——观察、思维、记忆、想象等和激发认知活动的各种心理活动——注意、情感、意志等;另一方面,学生的任何一种认知活动不仅有心理活动的参与,而且还有生理活动的参与,比如环境对大脑的刺激,促进和改善大脑的物质形态,学生阅读时眼神经和眼部肌肉处于紧张状态,阅读时的姿势是否正确同样对身体的发展有一定的影响。

### (三)教和学相互依存的规律

教学是"教""学"双方共同组成的一种双边活动,在教学过程中教师和学生之间的关系是各种关系中最基本的一种关系。教师的教是为了学生的学,学生的学又影响着教师的教,两者相互依存,缺一不可,他们之间既相矛盾又相统一,任何一方的活动都以另一方为条件。教学活动要能顺利开展,就必须要求教和学之间积极配合,协调一致。

(1)在教学过程中,教和学相互依存的关系首先是建立在人类世代交替这一客观需求的基础上的。社会的延续和发展规律决定了下一代必须优质高效地去掌握前人的认识成果,这就离不开已知者的引导。教师和学生正是在这个基础上才结成了相互依存、不可分割的关系。在教学过程中,教和学最主要的是一种知识传递和转化的关系,而这种关系又集中体现在对教学内容的处理上。一方面,教学内容为知识的传递提供了可能,要将这些知识有效地传递,要求教师在深入了解教学对象,掌握学生知识结构层次以及学生学习活动规律的基础上充分运用各种有效的教学手段、教学方法去组织教学过程,使教和学的关系得到协调发展;另一方面,由于学生的学习并不是被动接受,而是要随着教师的教而做出积极的自我调整和控制的过程,这说明教与学的统一又是要以教师的教能主动适应学生的学为前提,可以说,教师教的过程决定了知识信息传递的质量和速度,而学生学的过程又决定了知识信息内化的可能和限度。因此,教师教的过程和学生学的过程都是建立在人类世代交替这一客观需要基础上的一种相互依赖的辩证统一关系,只有这两方面辩证统一起来,才能使教学取得应有的效果。

(2)教和学之间是互为影响的一种双向关系。在教学过程中,不仅教师教的活动对学生产生影响,而且学生的学习活动也在影响教师。教师要能把自己对环境的认识成果物化到学生身上,就必须善于把学生作为自己认识的客体,以不断提高对他们的认识和了解。在教学活动中,教师从学生中获得的反馈信息,一方面可以促进提高自己的专业水平、思想水平和教学能力;另一方面可使教学过程不断处于动态平衡之中。教师越是主动地从学生的学习活动中去发现矛盾并及时合理地加以调整,教和学的统一就越是迅速,越能取得教学相长的效果。这说明在教学过程中学生既不断接受教师的影响,同时也不断影响教师。

## 二、高等学校教学过程的特殊规律

高等学校教学过程不同于普通学校教学过程,既是一种认识过程,又是一种实践过程,更准确地说是认识和实践统一的过程。因此高校教学过程除了具有普通教学过程的一般规律外,还有自己特殊的规律,包括传授知识与培养能力相统一的规律、教学与科研相统一的规律、认识与实践相统一的规律。

### (一)传授知识与培养能力相统一的规律

高等学校教学不同于普通学校教学,普通学校的任务主要是向学生传授科学文化知识和基本技能,促进学生德智体基础素质全面发展,而高等学校的任务是培养直接服务于社会的各种专门人才,因此高等学校的教学必须按专业对学生进行定向培养,既要传授知识,又要培养学生的能力,使学生达到本专业当代的知识水平和能适应现代科学技术发展要求的智能水平。从高校教学过程的目的、任务特点来分析,传授知识与培养能力相统一实际上是现代高等学校教学过程的一个基本规律。

关于知识与能力相互依赖、相互制约的关系,理论界有广泛的研究,我们也曾经进行过专门的探讨。简单地说,能力即活动的本领,是在实践活动中形成和体现的,保证顺利完成活动的个体条件的综合,这些条件包括个体的智力水平及其拥有的知识、技能等基本因素。能力是在这些基本因素基础上综合发展的结果。

具体考察这些基本因素,知识是人们对客观事物的认识,是事物属性和联系的反映。就事物反映的深度而言,知识可分为感性知识和理性知识;就获得知识的途径来说,又可分为直接知识和间接知识;教学主要教给学生间接的、理性的知识,教给学生系统化的科学知识。知识的作用,体现在活动中就是起指导作用,是行动的向导和指南,是活动的定向工具。所谓无知必然无识,无知必然无能,知识是能力的首要因素。

技能是通过练习而形成的、顺利完成某种任务所必需的活动方式。根据构成技能动作成分的不同形式,可以把技能区分为操作技能和心智技能。技能的形成与知识的掌握、智力的发展是密切相关的。技能表现为对一定知识的应用,技能的形成往往以一定的智力为前提;并且,技能的形成又为进一步获得知识、开展智力活动提供有利条件,知识的掌握、技能的形成、智力的发展是在教学过程中统一进行的。技能在活动中的作用,在于直接决定活动的方式,它所指向的是人怎样去活动,解决"怎么做"的问题,因而影响活动的过程。技能同样是完成活动不可缺少的条件。

智力是保证人们有效地认识客观事物的稳固的心理特点的综合,它集中表现在认识客观事物并做出一定反应的敏捷性、广阔性、深刻性与独立性方面。智力属于认识活动的范畴,是大脑功能的体现。人的大脑有感受、贮存、判断、想象等功能,对应到智力的构成因素有观察力、注意力、记忆力、思维力、想象力,这些是智力构成的五种基本因素,在智力结构中,它们不是简单地机械求和,而是按一定的结构有机地综合。发展智力与掌握知识、形成技能是密切相关的。一方面,智力是在掌握知识,形成各种心智技能的过程中发展起来的,智力活动依靠知识、技能来认识事物、分析问题、解决矛盾,有了一定的知识技能,才有可能进行科学的思维创新,才能有效地发展智力;另一方面,智力是获取知识、技能的工具,智力发展了,能更多、更深刻、更牢固地掌握知识、技能,也才能广泛地应用所学的知识、技能。智力在活动中处于核心地位,是活动顺利进行的动力。人们运用智力对外界环境进行探究、识别、推断,并采取一定行动作用于外界环境。智力把有关的知识、技能和活动对象结合在一起,经过大脑的分析与综合,抽象与概括以及判断与推理的过程,然后才采取一定的行动,实现知识、技能及智力本身向能力的转化。

因此,掌握知识、形成技能、发展智力是紧密联系、不可分割的,知识、技能和智力在活动中形成了一个紧密的结合体,我们把这个结合体称作智能结构体。这个结合体具有多个要素和层次,并在不断发展变化。因此,智能结构体就是指一个人具有的知识、技能和智力所组成的多要素、多序列、多层次的动态综合体。教学活动通过传授系统的科学知识、培养基本技能、发展智力来形成学生的智能结构体。

到这里,可以给能力下一个明确的结构性定义。所谓能力,就是保证顺利完成活动的个体条件在活动中的有机综合,这些个体条件包括知识、技能、智力等要素。换句话说,能力的实质就是智能结构体的综合效应(如图2—1)。

$$知识 + 技能 + 智力 \xrightarrow[(活动)]{实践} 能力$$

图2—1 能力公式

能力作为智能结构体的综合效应,是通过结构体的多因素的有机综合形成的。这种综合不是一般的组合或总和,不是简单地把知识、技能、智力加在一起,而是它们以一定的内容、一定的形式、一定的比例,通过一定的实践活动,锻炼形成的有机综合体。一个人如果没有知识、技能,或者智力水平低,不可能有很强的能力;反过来,仅有理论知识、技能和智力水平,如果没有通过实践来锻炼,也不可能将它们有机地组合起来,形成实践服务的能力。所以知识、技能、智力只有在活动中有机结合,才能转化为能力。教学中的实践是特殊的实践,教学过程中根据知识传授与能力培养的统一要求,在传授一定知识技能的基础上,有计划地进行针对性实践活动,使所学知识有效地转化为能力。

综上所述,知识、技能、智力是统一的,统一于智能结构体;知识、技能、智力与能力是统一的,统一于智能结构体的综合效应;在教学活动中有目的地传授知识与培养能力是统一的,统一于教学全过程。

### (二)教学与科研相统一的规律

教学与科研相统一,或者说把科研纳入教学,是高等学校教学过程独有的规律和特点。

从教学与科研的一般关系来分析:一方面,教学过程和科学研究过程在认识特点方面有着内在的联系。现代高等学校的教学是以根据前人的科研成果总结出来的各种学科的理论体系为主要内容的,没有前人的科研成果,就没有科学的理论体系,当然就没有现代的教学内容。人们通过教学来加快掌握前人的认识成果,只有这样,才有可能开展新的探索,可见教学又是科研的前提和继续。因此,教学和科研是相互联系、互相促进的;另一方面,在教育教学实践中,教师既要从事教学,又要进行科研,还要把两者有机地结合起来。大学生主要是通过教学来培养;研究生则主要是通过参加科研来培养。

在高等学校中,实现教学与科研的结合,既能不断提高教师的学术水平,又能不断培养出高质量的人才,做出高水平的成果。一般地说,教学与科研结合得越好,培养出人才的质量、做出成果的水平也就越高。这是办好高等学校的一条客观规律。从教学与科研的具体结合来说,教学过程与科研过程相统一,形成一个整体化过程。这个整体化过程具体表现在两个方面:一是教学工作科研化。所谓教学工作科研化,就是把教学变成应用科学研究的方法和形式进行的教学。这是同开展大学生的教学研究工作相联系的。教学研究工作主要是指带有研究性的实验实习课、学年论文(设计)、毕业论文(设计)等。在完成这些作业和论文(设计)时,大学生首先要熟悉科研工作的一般方法和程序,收集必要的情报,获得实验的结果和经验,然后再进行具体的分析和论证,表达和说明成果,报告所得出的结论并为之辩护等。二是科研工作教学化。所谓科研工作教学化,就是把科研工作紧密结合教学内容并在教学过程中进行研究。科研题目要和教学课程相适应。这是同开展大学生参加的科研工作和教师的教学法工作相联系的。

教学与科研相统一的规律,与传授知识与培养能力相统一的规律是相适应的。事实上,把科学研究引入教学过程,给学生创造了全面发展智能的环境和条件。学生通过参加科学研究,可以在教师的指导下,有选择地不受约束地努力学习所需要的理论知识,并且把已知理论同研究需要紧密结合,进行积极的思维。参加科学研究,能使学生得到构思、计划、设计、预测、实验、观察、抽象、概括等方面的综合训练,学生各方面的能力将处于积极的发展状态之中,自学能力也能在为完成研究任务而向理论和实际求教的过程中得到锻炼。学生不仅要向教师请教,而且要向书本、文献和社会实际学习,这就必然会接触到大量的甚至是跨学科的知识,扩大了知识面。

教学与科研相统一的规律已为国内外专家学者普遍认识,我国著名教育家潘懋元、胡克英、朱九思等对此都有专门的论述。例如,朱九思等人在《高等学校管理》一书中指出,根据目前我国高等学校的实际情况,把科学研究引入教学过程,需要从确立教学指导思想到安排教学环节上切实加以解决。在教学指导思想上,要明确在整个教学过程中都要注意培养学生的科学研究能力。在教学计划和培养目标中,应把培养学生初具科学研究(或解决工程实际和社会实际问题)能力作为重要内容,并逐步把科学研究的基本训练作为各教学环节的基本内容之一。

### (三)认识与实践相统一的规律

高等教育是培养专门人才的教育,专门人才的特点在于不只是要掌握基本理论知识,而且要能运用理论知识解决实际问题;不只是要掌握基础科学,而且要学习应用科学,甚至工艺课程;要有独立工作的实际能力,包括科学研究能力、创造革新能力等。这些都是与普通教育不同的,需要创造一定的活动条件和环境进行专门培养,这种活动条件和环境就是实践。认识与实践相统一是高等学校教学过程的一条特殊规律。高等学校教学过程是认识和实践相统一的过程,主要表现在以下三个方面。

(1)教学中的认识过程伴随一系列实践活动的发生。作为一种认识过程,学生在教学过程中的认识活动,主要是在教师指导下,借助于书本知识、间接经验来实现的。这一特点潜伏着一些消极的因素,比如学生缺乏亲身实践体验,往往对知识的掌握不够巩固,理解不够深刻等。因此,为了让学生理解、巩固知识,必须进行练习、作业、实验、参观、调查等实践性教学环节。这类巩固、强化教学认识的实践性教学环节,称为认识过程的伴随性教学实践。因此,伴随性教学实践是与认识活动紧密结合、不可分离的。

(2)教学过程中独立地存在着以实践为主的教学组织形式。教学过程中的实践并非总是用来巩固认识的实践环节,事实上,现代高等教育已把实践作为一种有效的、独立的教学组织形式,广泛运用于实际的教学活动中。具体说有三类:第一类是技能训练。高等学校专业教学中,许多专业有特殊的技能要求,如工科院校的某些器械、设备的操作,美术院校的书法、绘画,音乐院校的乐器操作,医科院校的针灸技术,军事院校的队列动作、武器操作等,都属于一种专门的技能技巧,这类技能技巧的教学训练主要是实践活动而非认识活动。第二类是实习、见习。实习、见习是在专业课程学完后专门安排的教学实践活动,其目的是为了使所学知识、技能和智力有效地向能力转化,即提高学生运用所学理论和技术解决实际问题的能力。这种实践不同于认识过程中的伴随性教学实践,因为这种实践的主要目的不是为了巩固知识,而是为了实现知识向能力的转化,最终是为了培养能力。第三类是科学研究。科学研究也是高等学校教学的一种独立形式,教学中科学研究的目的主要是培养学生的独立研究和创新能力,培养学生的科学精神、科学态度和科学方法,使学生具有高级专门人才所应当具有的素质和能力。尤其是高等学校的研究生教育,主要是通过参加科学研究来获得知识、培养能力。因此,科学研究是高等学校教学中最重要的实践活动之一。技能训练、实习见习和科学研究是现代高等学校教学过程中三类不同的重要的实践活动,都是高等学校中相对独立的教学组织形式,这是高校教学过程区别于普通教学过程的最主要的特征。

(3)教学过程中存在着非教学性实践活动。教学过程中除了上述两种教学实践外,还存在着许多非教学性实践活动,主要是思想品德和非智力因素的实践。思想品德的实践指教学过程中学生实际处理教师与学生之间、学生与学生之间、个人与集体之间等关系中必然表现出一定的思想觉悟和品德,换言之,以一定的思想品德去处理各种各样的关系,也就是进行思想品德的实践。非智力因素的实践指学生在教学过程中实际处理学习中的问题、困难和各种关系时,锻炼和表现的兴趣、爱好、意志、情绪、气质、性格、态度、习惯等。思想品德和非智力因素的实践尽管不是教学活动的一个环节,但仍然是整个教学过程的一个组织成分,体现了教学过程的教育性和发展性特点。由于高等学校学生毕业后立即进入社会参加工作,因此,以什么样的思想品德和非智力因素以及知识能力去适应、处理工作和生活中的各种问题,应是高等学校教学的重要任务,这一点也是与普通学校的教学有所不同的。

综上所述,高等学校的教学过程中广泛存在着伴随性教学实践、独立性教学实践和非教学性实践等实践活动,伴随性教学实践是与教学认识活动密不可分的,独立性教学实践和非教学性实践是与认识活动有明显区别的,是高等学校教学过程的重要组成形式或成分。因此,高校教学过程不仅是一个认识过程,同时是一个实践过程,是认识与实践相统一的过程。

## 三、管理意义下教学过程的矛盾运动再分析

为了探索现代教学管理的基本规律,我们从管理的角度进一步分析教学过程的特点。从教学过程中的矛盾运动看,教学过程具有多样化矛盾运动,主要体现在以下几方面。

### (一)教学对象的集体性与教师劳动的个体性

教学过程中,作为教学对象,学生一般以一个班或年级组成学生集体,而教师组织进行教学活动时,一般是一名主讲教师(或配以若干名辅导教师)独立地负责一个学生班的某一门课程,这样客观上形成教师个体劳动与学生集体学习的矛盾。

### (二)教学对象的变更性与教师劳动的重复性

一般来说,由于专业的限制或从教学安排考虑,教师承担学科或课程教学任务是相对固定的,每名教师一般担任某一门或数门确定的课程教学任务。但是每年学生都是在变化的,每年不断地招收新生、升级、毕业,从而出现教学对象的变更性与教师劳动的重复性之间的矛盾。

### (三)教学要求的统一性与教师劳动的自主性

任何一个专业或一门课程所要达到的教学目标、教学要求都是由教学计划、教学大纲统一规定的,任何人无权随意改变。但任何专业和课程的教学都是由一定的教师具体组织实施的,教师是有能动性的人,教学管理正是要充分调动教师的积极性,发挥其主动创造性,但这种主动创造性又必须在教学计划、大纲规定的范围内正常发挥。因而客观存在教学要求的统一性与教师劳动自主性的矛盾。

### (四)教学成果的社会性与教学工作的专业性

教学的成果主要就是所培养的人才。教学成果的社会性即人才的社会性,指人才必须由社会选择、使用,人才质量最终必须用社会的标准来衡量和评价。但作为"生产"教学成果的"生产过程",即教学工作,是学校教育的一项专门工作,具有特定的专业性,必须遵循教学专业工作的特殊规律,这种过程的专业性与成果的社会性也是客观存在的一对矛盾。

### (五)教学效益的长期性与教学工作的即时性

教学的效益最终由人才的数量和质量来体现,而人才质量最终必须由社会来衡量和评价,人才在社会生产实践中发挥才能、做出贡献是一个长期的过程。因而社会用人评价也是一个长期的过程,教学效益具有长期性。然而,教学工作是在相对较短的时间内完成的,学生在校时间不过四五年,一门课程不过几十个学时,很快结束,因此,评价教学工作质量时就存在着难以克服的矛盾。

上述几对矛盾是教学过程中最常见的、最主要的矛盾,这些矛盾一方面是教学管理必须

协调和处理的,另一方面也为教学管理理论探讨提供了基本的内容和思路。

## 第二节　现代管理的基本原理

基本原理就是对客观事物的实质及其基本运动规律的表述。现代管理的基本原理包括系统原理、人本原理、动态原理、效益原理等。

### 一、系统原理

(一)管理系统原理的基本思想

任何管理对象都是一个特定的系统。现代管理的每一个基本要素,都不是孤立存在的,它既在自己的系统之内,又与其他系统发生各种形式的联系,为了达到现代管理的优化目的,必须对管理进行充分的系统分析,这就是管理的系统原理。系统原理要求每个管理者必须从思想上明确:自己管理的对象是一个整体的、动态的系统,而不是一个个孤立分割的部分,应该从整体着眼对待部分,使部分服从整体;同时还应明确,不但自己管理的对象是一个整体系统,而且这个系统还是一个更大系统的一个构成部分,因此还必须考虑更大的全局,摆好本系统的位置,为更大系统的全局利益服务。

管理系统原理对管理对象的系统分析,具体表现在以下六个方面。

(1)了解系统的要素:分析系统是由什么组成的?它的要素是什么?可以分为怎样的一些子系统?

(2)分析系统的结构:分析系统的内部组织结构如何?系统与子系统、子系统与子系统之间是如何联系的?组成系统的各要素相互作用的方式是什么?

(3)研究系统的外部环境:研究此系统同其他系统在纵、横各方面的联系怎样?该系统在更大系统中的地位、作用如何?

(4)把握系统的功能:弄清系统及其要素具有什么功能?系统的功能与各子系统的功能有什么样的影响、制约关系?

(5)弄清系统的历史:本系统是如何产生的?它经历了哪些阶段?它发展的历史前景如何?

(6)研究系统的改进:弄清维持、完善与发展系统的源泉和因素是什么?研究改进系统的方案、措施及后果。

(二)系统原理的重要观点

为了正确地贯彻管理系统原理,必须掌握它的三个主要观点,以指导管理实践。

(1)目的性观点。目的是管理系统存在的依据和最终目标。没有目的的管理系统是毫无意义和价值的;目的不明或相互混淆,也必然会造成管理系统的紊乱。一般地说,管理对象在未经管理之前呈无序状态,现代管理的任务就是通过一系列组织、协调、控制,按特定的目的和需要来构建管理系统。管理系统的目的性观点,要求依据管理系统的整体目标及功能,设置要素的位置、数量,建立要素之间的结构联系;在组织或调整管理系统的结构方式、功能和要求时,强调服从和满足系统的整体目的。这样才可能是高效的、充满生机和活力的系统。

遵循管理系统目的性观点,应把握三个方面:①明确管理目标的过程实质上是一个负熵过程,即增强有序化、消除不确定性和降低混乱的过程。管理系统目标的明确度同熵增加呈负相关关系,目标越明确,熵就越少。因此确立清晰的目标,遵循目标至上性原则,是现代管理的首要职责。②遵循管理系统整体目标单一性原则:任何一个良好的管理系统,在一定时期内,其整体目标通常只能有一个主要目标。如果一个管理系统有多个重要目标,必会造成目标之间的矛盾,从而造成系统功能分散,资源浪费,无法达到整体目标。③实现管理系统诸要素目标的优化:管理系统诸要素各有自己的目标,小目标同整体目标一起,形成一个目标体系。但由于系统整体目标不是各要素目标的代数和,而是一个有机的统一体系,因此,应优化管理系统各要素的目标,使之有机地构成整体目标。

(2)全局性观点。全局性观点包括两层含义:其一,管理要把其重心放在系统的全局优化上,而不像小生产管理那样,忽视管理系统全局的联系、目标和功能;其二,管理系统的局部目标和功能是为着全局而存在和发挥作用的。

在现代管理中,全局和局部的关系具有复杂的组合方式和交叉效应等多种后果。在大多数情况下,局部同全局的功能、目标和利益并非总是一致的。从局部看是合理的功能、现实的目标、有利的因素,对全局来说却不一定合理、现实和有利;反之亦然。进一步来说,现代管理之所以注重管理系统的全局性,主要是因为系统整体具有其组成要素在孤立状态下所没有的新特征和新功能。首先,管理系统若将其要素有机整合,使之产生结构上的质变和功能放大,就会出现 $1+1>2$ 的情况;反之,就会出现 $1+1<2$ 的现象。这就是管理系统的"组织效应"或"系统的功能不守恒定律"。其次,要素性质的好坏同系统整体好坏之间不存在必然的正相关关系。关键是看其是否遵循系统"组织效应"法则。再次,管理系统的规模越大,结构越复杂,"组织效应"就越大。因此,管理系统原理强调从全局出发,发挥全局效应,并争取局部最佳,从而实现整体效益最佳。

(3)层次性观点。管理系统的层次性是指组成系统诸要素之间的立式构造或管理系统要素结构方式中的等级体系。

管理系统的层次对输出系统的整体功能具有重大的制约作用。各层次要素构成大系统时,一般可以放大系统的整体功能。但不能由此断言管理系统的规模越大,层次越多越好,因为系统的功能还受其内部层次的沟通率制约。管理系统规模越大,层次越多,其沟通率就越低。因此,现代管理要求在设计系统的规模和层次时,一定要从实际出发,因地制宜,掌握好适度原则。

管理系统的规模和层次确定之后,管理行为是否获得高效率,很大程度上取决于能否分清各层次的职、权、利及其相对独立的功能。一般讲,同一层次诸要素之间的横向联系由其自身解决;只有发生较大矛盾时,才由上一层次出面协调。从纵向看,管理系统一般分为高、中、低三个层次,分别有不同的职责。现代管理的层次性观点,要求任何一个层次都只对直接的上一层次负责,只接受上一层次的指令,防止系统内层次混乱、层次之间的职责相互替代或超越层次现象的出现。

## 二、人本原理

### (一)人本原理的基本思想

人本原理,即管理应以调动人的积极性、做好人的工作为根本。作为一种特殊社会活动的管理,它总是由人去实现的。管理对象诸要素和管理过程诸环节,都要靠人去调控和推动。现代管理强调,人始终应居于管理的中心地位并发挥主导作用。因此,应立足于人,通过做好人的工作,始终地最大限度地沿着正确的目标轨道发挥人的主动性和创造性,去实现管理资源的合理运筹,做好整个管理工作,从而实现管理系统整体功能优化的目标。

把人作为管理系统重要的结构要素,在过去的管理思想中早就出现,如早期的"泰勒制"。但现代管理对管理中的人的看法是与以前有根本区别的。现代管理表明:一方面,它绝不会像传统管理那样将管理中的人等同于工具,单纯当作手段使用。即使在自动化程度非常高的情况下,人也事实上处于管理的主导地位,并直接决定着管理系统及其行为的合理取向、效率高低和效益好坏等;另一方面,操作层人员作为管理对象或要素,被管理者所管理,两个以上管理者又由上一级管理者所管理,这种"智囊—管理—智囊"的系统,正是人本原理重点研究和应用的对象。

人本原理的核心观点是,现代管理中的人既是管理者又是被管理者;管理既是由人进行的,同时又是对人的管理。无论管理者或是被管理者,他们都隶属于"管理人",都受制于为实现管理系统目标而确立的管理制度。因此,人本原理的根本特征或实质就在于,通过充分肯定人在管理活动中的作用,来实现全体"管理人"当家做主,并由此激发他们的主动创造性和积极性,为提高现代管理效率和效益做出切实的贡献。

### (二)实现人本管理的主要途径和措施

在实际管理中,要正确运用人本管理,管理应注意以下几点。

(1)管理者必须从思想上明确,在优化的目标导向下,激发"管理人"的自主精神、创造才干,这是实现人本管理的根本保证。历史经验表明,凡是充分重视和关心人,把人的因素放在第一位的时期或部门,其管理效率就高、效益就好。反之,管理效率一定很低,更谈不上效益。

(2)管理者必须在实践中采取切实措施,强化"管理人"的主人翁责任感和自我实现精神,这是实现人本管理的主要途径。例如美国企业实行"职工参与决策""上下通气""提案制度"等方式,在不同程度上激发起了生产劳动者的首创精神和创造才干,为企业的发展做出了巨大贡献。

(3)建立科学的现代管理活动体制,从制度上保证"管理人"积极性的充分发挥,这是实现人本管理的必备条件。科学的管理反对无视广大群众的意愿和觉悟程度,而强调把能否调动"管理人"的积极性作为衡量管理体制合理性和现实性的首要标准,真正实现从如何"管住人"转到如何充分调动广大人民群众的积极性和创造性上来,以顺利实现现代管理整体目标。

## 三、动态原理

### (一)动态原理的基本思想

动态原理,就是必须注意管理的动态特性,在管理活动中把握管理对象系统运动变化的情况,适时地推进各个管理阶段依次更替,适度地调整管理对象的运行状态,以实现系统整体目标。

管理对象是某个特定系统,管理目的是实现系统的最佳功效。任何系统的正常运转,不但受着系统本身条件的限制和制约,还要受到相关系统的影响和制约。对于系统目标的制订与选择也有同样的情况,随着系统内外条件的变化,随着事物的发展,人们对问题的认识也在不断地深化,不仅会提出目标的更新与变换的问题,对目标的衡量准则也会截然不同。所以,系统的管理工作同其他事物的发展过程一样,静止是相对的,运动是绝对的,动态变化是管理工作的重要特点。

动态原理,要求每个管理者从认识上明确管理的对象、目标都在变化,不能一成不变地看待它们,用一个不变的老框子去套。管理过程的实质,就是把握管理对象在运动、变化的情况下,如何注意调节实现整体目标。这就是现代管理复杂、多变的特点。要重视搜集信息,经常注意反馈,随时进行调节,保持充分弹性,及时适应客观事物各种可能的变化,有效地实现动态管理。

### (二)实现动态管理的主要措施和途径

在实际管理中,要正确运用动态原理,管理者应注意以下几点。

(1)随时收集反馈信息。反馈是控制论中的重要概念,指的是由控制系统把信息输送出去,又把其作用结果的信息返送回来,并对信息的再输出产生影响,对对象系统起到控制的作用。一般来说,管理对象都是不断发展变化的动态系统,系统的动态变化过程中时时刻刻表现出各种状态信息,而管理是否有效,相当大的程度在于是否有灵敏、准确的信息反馈,如果等到下面的问题成了堆,管理者还不知道,那势必积重难返,造成不应有的损失。所以说,及时地搜集反馈信息是正确决策的前提,也是整个动态控制过程的关键。

(2)处理好管理中的弹性和刚性的关系。在错综复杂的管理过程中,管理者不可能百分之百地把握管理对象的运动变化,特别是在过程尚未开始之前,有些矛盾暴露得尚不充分,要做到精确预见,一般是不可能的。因此,管理者在制订计划时应留有充分的余地。也就是说管理要有弹性。但是,往往有这样的情况,一些偶然因素在短期内使管理过程产生波动后,或者由于偶然因素消逝,或者由于管理系统自身的调节机制的作用,又使运动恢复到原有的平衡状态。所以,管理者要使管理工作保持一定的刚性,不要轻易地做出重大变更决策。管理者必须妥善地处理管理中的弹性与刚性的关系,以保证系统的正常运转。

## 第三节 现代教学管理的基本原理

根据教学过程的基本规律和现代管理基本原理,现代教学管理的基本原理可以概括表述为系统协同原理、教学管理统一原理、过程管理原理和综合效益原理。

### 一、系统协同原理

现代教学管理是由教学管理者、教学管理媒介、教学系统组成的一个特殊的管理系统,具有动态性、开放性、自组织等重要特征。为了有效实现现代教学管理的系统目标,必须对系统与环境、系统与子系统、系统内要素之间的广泛联系进行协同,形成最佳的系统环境、结构和运行机制,产生系统效益增值,扩大系统功能。这就是现代教学管理的系统协同原理。教学管理系统协同的内容具体表现为:教学管理以系统的形式存在,用系统的观点和方法进行管理,其实质就是进行系统协同。

教学管理是由教学管理者、教学管理媒介、教学管理对象即教学系统等要素构成的一个特殊的管理系统,教学管理系统是一个动态的、开放的复杂系统,是一个信息反馈系统,具有自组织特征。教学管理系统的实质就是用系统的观点和方法进行管理。所谓系统的观点,就是目的性观点、全局性观点和层次性观点;所谓系统的方法,就是系统分析方法。系统观点的基本公式是:

$$E_{整} = \Sigma_{E_{部}} + \Sigma_{E_{联}}$$

式中:$E_{部}$——系统内部要素的部分功能;

$E_{联}$——管理者的管理作用、管理功能;

$E_{整}$——管理系统整体功能、绩效的取得。

这个公式表明,一个管理系统整体功能、绩效的取得,在于这个系统内部要素的部分功能再加上管理者的组合功能。系统内部要素的集合不是简单堆砌,而是管理者进行管理组合。如果管理者管理组合得好,为正值,则整体功能大于部分功能之和;管理组合得不好,为负值,则整体功能会小于部分功能之和。管理者的管理组合就是对要素及其联系进行协调,使诸要素结构合理化,使整体功能大于诸要素功能的简单叠加,起增值效应。

因此,用系统的观点和方法进行管理,就是从系统的目的和整体出发,运用各种方法,协调系统内外各层次的事物联系,形成有序的系统结构,进而实现最佳的系统运行机制,产生系统效应增值,扩大系统功能。这就是管理系统协同的基本思想。系统协同的具体内容包括外系统协同和内系统协同两大类。

(一)外系统协同

外系统协同指的是教学管理系统与自身以外的系统,既包括与政治、经济、科技、文化等校外社会系统的协同,也包括与校内思想政治教育工作、行政管理工作、总务后勤工作等系统的协同。

1. 教学管理系统与校外系统的协同

教学管理系统是一个开放的系统,它不仅是学校系统的子系统,而且是社会系统的子系统,与社会系统有直接的联系。一方面,政治、经济、科技、文化等社会系统制约、影响着教学管理系统的存在和发展。例如,教学管理乃至整个学校管理的管理观念、管理体制、管理规章制度及管理方式方法,都要受到政治与文化环境的影响,而人才培养目标的规格、数量、教学内容、教学环境等都受经济、科技、文化的直接制约。另一方面,教学管理系统对政治、经济、科技、文化等社会系统具有重大的反作用,即维护、巩固作用。这种反作用是通过教学管理系统的"保证功能"得以实现的。教学管理系统乃至学校管理系统,通过其"保证功能",保证学校培养的人才规格、质量、数量和学校的科研学术成果,对政治、经济、科技、文化起促进作用,因此,教学管理系统与政治、经济、科技、文化等社会系统是相互影响、相互作用的。为了保证这种相互影响、相互作用的性质和力的均衡,两者的协同是非常必要的。只有协同,双方的积极作用才能实现,教学管理系统的保证功能才能得以发挥。但是,需要明确的是,教学管理系统与社会系统的协同,实质上是为了保证学校教育系统与社会系统的协同,因而这种保证是双向的,既要保证社会系统对学校教育教学系统的"要求"能够实现,又要保证学校教育教学能够培养实现上述要求的人才。因此,教学管理系统为完成这种"中介""保证"功能的发挥,就要不断地适应形势的发展和改革的需要,并做出相应调整。如实行目标管理、改革教学内容等,这些都是协同的具体内容和措施。

2. 教学管理系统与校内外系统的协同

校内外系统主要指学校教育系统、学校管理系统和思想政治管理系统、体育卫生管理系统、总务行政管理系统等,这些都属于教学管理系统的外部环境。学校教育系统、学校管理系统都是教学管理系统的母系统,母系统的整体优化有赖于其所包含的子系统的优化以及各个子系统间关系的优化,而关系的优化必须以协同为前提,即教学管理系统与思想政治管理系统、体育卫生管理系统、总务行政管理系统之间必须协同,而各个子系统以及子系统之间关系的优化,也需要母系统为其提供整体优化的环境。整体的优化有利于其内部子系统以及子系统间的优化。由此可见,母系统和子系统是相互依赖、相互促进的。

教学管理系统与思想政治管理系统、体育卫生管理系统、总务行政管理系统之间的协同属于学校管理系统内诸并列子系统之间的协同。教学管理系统与思想政治管理系统、体育卫生管理系统、总务行政管理系统,虽然相对于学校管理、学校教育大系统来说都是各自相对独立的子系统,但是,它们之间相互影响、互为保证。教学管理系统在诸系统中处于中心地位,教学管理系统的正常运转是其他管理系统运行的基础;反过来,思想政治管理系统、体育卫生管理系统、总务行政管理系统的良好运行为教学管理系统的运转创造条件,并促进教学管理系统的发展。尤其是教学管理系统与思想政治管理系统之间,一方面,教学具有教育性,教学是思想政治工作的重要途径;另一方面,思想政治工作对学生思想品德、学风的培养以及教学过程也有重要作用。因而,两者相互依赖、相互促进。所以,教学管理系统与其他管理系统的协同是必要的,只有协同,它们的互为保证作用才能得以充分发挥。

(二)内系统协同

内系统协同是指教学管理系统自身内部的协同,主要包括系统与要素的协同、系统内要素之间的协同、母与子系统协同、系统职能的协同等。

1. 系统与要素的协同

教学管理系统是由教学管理者、教学管理媒介、教学管理对象三要素组成的整体。系统的整体性观点指出,系统整体功能不仅取决于各要素部分的和,而且取决于要素之间的联系。但是,整体性观点并不否定要素部分对整体功能的贡献。具体地说,要素的有序结构可以增强要素间的效应,放大要素的功能,但是这种增强与放大是建立在要素性质基础上的,如果要素本身作用为零或负值,就无法发挥出较强的系统功能。教学管理系统中,管理对象即教学系统,管理目标与教学目标是一致的,如果没有教学系统的基本功能,教学管理的功能就失去了依据。所以,要素是系统的基础,对系统整体起着重要的保证作用。反过来,系统整体的优化,又为要素的发展提供良好的环境,往往成为要素发展的压力和动力,因而系统又是要素的保证。教学管理实际上就是为教学系统创造良好的条件,促使教学系统正常运行。因此,系统与要素的协同是对系统整体性观点的补充、发展和完善。

2. 系统内要素之间的协同

教学管理系统内要素之间的协同,即教学管理者、教学管理媒介、教学系统之间的协同,是教学管理系统协同的主要内容。教学管理者、教学管理媒介、教学系统在教学管理系统内相互影响、相互制约,它们不同的联系构成教学管理系统的不同结构,产生不同的系统功能。教学管理正是通过要素间的协同形成有序结构而产生增值效应、放大系统功能的。

教学管理系统内三要素之间的协同关系如图2—2所示。

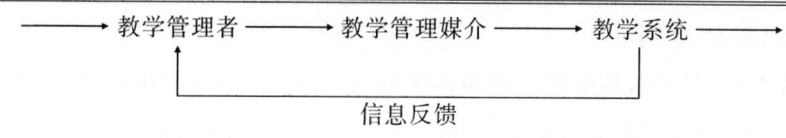

图 2-2 教学管理系统的要素协同关系

图中箭头表示了三要素之间的相互关系,教学管理者通过管理媒介对教学系统进行协调控制,而教学系统运行中的有关信息又被反馈给教学管理者,对管理者和管理媒介以及管理过程产生预先控制。

教学管理系统三要素的协同体现在教学系统中有非常重要的意义。为了便于系统分析,一般认为,教学系统是由教师、学生、教学媒介三要素构成的,也有人认为是由教师、学生、教学条件、教学管理四要素构成的。其实无论前者还是后者,都可以认为教学系统包含有管理的因素,只是前者没有像后者那样把管理作为一个独立的要素,而是隐含在其他要素及其联系之中。教师这一要素,包含教学的方向、教学的组织等管理因素,教师本身就是重要的教学管理者;教学媒介这一要素包括教学计划、教学大纲、教学要求、教材等,这都是教学管理的重要内容和形式;教学中的学生,也是由具有相同年级、相同水平、人数相对固定的学生专门组成的群体,群体内部还有学生的自我管理组织机构,包括学习小组等学习组织。在教学系统的结构中,所谓教学反馈,其主要内容就是教学管理,通过反馈实现对教学过程的管理。教学系统的结构如图 2-3 所示。

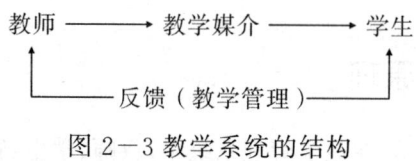

图 2-3 教学系统的结构

因此,教学管理实际上是教学系统要素及其结构的重要组成部分,教学管理对教学系统的作用正是通过教学系统内部的控制实现的。

综上所述,一方面,教学管理系统包括教学管理者、教学管理媒介、教学系统三个要素;另一方面,教学管理实际上又是教学系统的重要成分。因此,教学管理与教学系统是相互渗透、相互制约的,教学管理与教学系统的协同是保证教学管理系统正常运转并有效发挥其功能的重要条件。这里从结构方面反映了现代教学管理系统协同原理的本质。

3.母与子系统协同

母与子系统协同,指教学管理系统与其所包含的子系统的协同。教学管理系统可分为教学思想管理、专业管理、课程管理、教学质量管理、教师管理、学生管理、第二课堂管理等子系统,这些子系统相互关联,互为影响,共同构成了教学管理系统。教学管理系统相对于上述子系统是母系统或大系统,教学管理系统是否完善,功能发挥如何,主要取决于这些子系统本身是否完善以及子系统间能否实现协同。反之,这些子系统也离不开教学管理系统这一大环境,并受到这一大环境的影响。因此,它们的协同既是理论的要求,也是实践的需要。

#### 4. 系统职能的协同

所谓系统职能的协同，是指教学管理系统的各个职能之间的协同。教学管理系统包括决策与计划、组织与实施、指挥与协调、评析与控制等职能子系统，这些职能系统相互协同是保证教学管理系统运转优化、有效发挥整体职能的关键。

教学管理的决策与计划子系统是教学管理系统构成的最高层，它负责教学管理中重大问题的决策和计划，包括人才目标、教学计划、教学规划和日常工作的计划、安排、统筹等，这些工作在教学管理中起着非常重要的作用。管理决策与计划要在实际中得以体现，需要组织与实施作保证，教学管理的组织与实施系统就是组织必要的人、财、物等，执行决策与计划系统的指令和安排，它直接关系到教学管理系统功能的发挥。在组织实施过程中，需要统一指挥和经常性地协调，以确保教学管理按计划实施，因此，指挥与协调子系统又是组织实施的重要保证。但是，教学管理的组织实施以及指挥协调是否能发挥其功能？发挥得如何？需要进行评析，并在此基础上实行控制。评析与控制系统就是根据决策目标和计划，对实施情况进行评价、分析，并根据评析结果进行控制，确保计划的实施和目标的实现。因此，教学管理的决策与计划、组织与实施、指挥与协调、评析与控制等职能子系统相互联系、相互制约，构成完整统一的整体——教学管理系统，这些职能子系统的协同是教学管理系统结构合理的标志，是系统功能充分发挥的重要条件。这里从职能方面反映了现代教学管理系统协同原理的本质。

## 二、教学管理统一原理

教学管理统一原理指的是，在教学管理系统中，教师、学生、管理人员虽然担任不同的角色，但其最终目的是一致的，因此应从系统目标出发，肯定教学管理在管理活动中的作用，调动三方积极性，为提高管理效益、实现系统目标做出贡献。

教学管理统一原理的主要内容包括以下三个方面。

（一）目标统一性

目标统一性是教学管理统一的前提。教学管理系统中，教、学、管的根本目标是统一的。首先，教学管理的目标与教学的目标是统一的，前者服从于后者。其次，教学系统中，教与学的目标是统一的，学习是为了掌握知识技能、发展智力能力、形成良好思想品德，教正是为了领导和帮助学达到这一目标。最后，教是为学服务的，教师因为学生而存在，而教学管理又是因为教学而存在，教学管理是为教学服务的。因此，教、学、管在根本目标上是一致的。

（二）教、学、管的独立性

教、学、管在目标上是统一的，但在具体作用方面又是相对独立的。因此，教、学、管的统一才有其内容和价值。在教学及其管理活动中，教师是教学的组织领导者，在教学中起主导作用。学生是教学的承受者，是学习的主体。管理人员是教学的服务者，通过制订教学计划、确定教学要求、拟定教学大纲和协调教学过程,确保教学有目标、按计划地实施。因此,在教学及其管理过程中,教、学、管有各自独立的地位,不可相互取代。

(三)教、学、管的关联性

教、学、管在具体作用上既是相对独立的,又是相互关联的。关联性为实现目标的统一提供了可能。教、学、管的关联性主要包括三个方面。

1. 教与管的关联性

在教学及其管理活动中,一方面,教师领导和组织教学,本身就是一种教学管理活动,教师是重要的管理者;另一方面,教师的领导和组织教学,是在学校教学计划、教学大纲的统一要求下进行的,即受到教学管理的统一制约,在具体教学过程中,教师的教学活动要接受管理人员的检查评价,教师要经常听取管理人员的意见和建议,教师教学的效果、质量要经过全校统一考核、鉴定。

2. 教与学的关联性

教育对学生的领导就是运用一定的教学形式和方法,引导学员积极思维,掌握知识,发展智能,因此教师对学生学习起着重要的制约作用。学生对教师的反作用也是十分重要的,一方面,学的状态、学的效果反馈给教师,有利于改进教学;另一方面,学生品德行为的成长进步也对教师有重要影响。

3. 学与管的关联性

管理人员对学生的作用是明显的,一方面,教务管理人员通过管理活动,如学籍管理、学风管理、第二课堂的组织指导等,建立良好的教学秩序,促进学生的学习;另一方面,一些专门的管理人员,如党团组织、地方高校的班主任和军队院校的学员队干部等,其本身的思想行为,在教学及其管理过程中对学生也有很大影响,所谓管理育人其重要内容很大程度上就是相对于此而言的。学对管也有反作用,学的情况反馈给管理人员,便于改进管理;学生有时直接参与教学管理,如学生班级集体、学习小组活动等。因此,教、学、管在教学及其管理中的具体行为和作用具有关联性。

调动积极性,发挥能动性,实现教学管理统一。要实现教学管理统一,首先,要使教、学、管三方人员明确系统整体目标和自己在实现整体目标中的重要地位和作用,明确自己的职责和工作意义,激发三方人员的自主精神。其次,在实践中采取有效措施,确保三方人员主人翁地位和主观能动性的发挥。例如,实行"教师参与决策制度""学生评教制度""教师评管制度""教、学、管共同进行教学改革"等,使教、学、管三方真正能以主人翁意识参加教学管理,发挥其积极性、创造性。最后,健全配套的管理制度。一方面,推行严格的考核评估制度,对各类人员的工作、学习给予科学、准确的评价,这样既可以把握教、学、管的方向,保证教、学、管的统一性,又可以保持一定的压力;另一方面,建立和完善适合学校特点且能够奖勤罚懒、奖优罚劣的新制度,把授课质量、教学效果与教师晋级、职称评定挂钩,把管理成果、管理绩效与教学管理人员的聘用与晋升挂钩,把学生的品德表现、学习成绩与学习奖励挂钩,使他们的积极性和主观能动性得到充分的肯定和发挥,从而实现教、学、管目标的统一。

## 三、过程管理原理

过程管理原理是指教学管理在时间序列上表现为动态过程,教学管理过程是教学管理系统运行状态的表现形式。因此,教学管理过程的动态性是教学管理系统的运行特征。教学管理要从系统运行全过程的角度进行,确保实现有效的协调和控制。

教学管理的过程管理原理的主要内容包括以下几个方面。

(一)过程的分类

从教学管理的实践来看,教学管理过程可分为全期管理过程、学年管理过程、学期管理过程和职能操作过程四类。

(1)全期管理过程。从学生在校的全期过程考虑,全期管理包括招生、入学、课程实施、毕业实习、毕业论文、毕业就业等教学和管理环节。这种过程观点把某一届学生作为确定的系统输入,在校全过程构成动态的教学及其管理系统,毕业就业就是对应的输出。因此便于从宏观上把握教学效果和人才质量。

(2)学年管理过程。从学校的一个学年教学工作考虑,学校工作具有周期性,其主要表现之一就是学年教学工作的周期性。学年教学及其管理工作也包括招生、入学、课程实施、毕业实习、毕业论文、毕业就业等环节,但这里招生、入学与毕业各环节所对应的学生是不同的,即毕业输出与入学输入是不对应的。从学年工作整体看,教学及其管理仍然可看作是一个系统,是一个系统运行的过程。这种观点便于从具体工作的角度把握学年教学工作的质量。

(3)学期管理过程。从一个学期的教学工作考虑,学校教学以课程实施为基本单元,一门课程的实施大多数是在一个学期内完成,因此学期教学过程实际上是课程实施过程。学期教学及其管理过程包括开课准备、课程实施、期中教学检查评价、课程考核评价、学期总结等环节。这种观点把某个年级或班级的学生作为确定的系统输入,学期全过程构成动态的教学及其管理系统,课程考核或结业作为系统的输出,因而便于从微观上把握每一门课程的教学效果和质量。

(4)职能操作过程。从教学管理系统的职能发挥角度考虑,教学管理的职能包括决策与计划、组织与实施、指挥与协调、评析与控制等,这种职能划分,一方面,从理论上概括了教学管理系统的功能特征;另一方面,从实际的管理活动来说,每一个周期的教学管理活动都是按决策与计划、组织与实施、指挥与协调、评析与控制的基本顺序实施职能操作,形成职能操作过程。上述的全期管理过程、学年管理过程、学期管理过程或某些重大教学管理活动,都可进一步分解成教学管理职能操作的过程。当然,实际管理中这些职能之间的顺序可能发生交叉和变化,但总体上是由这些基本职能的操作形成的管理过程。

(二)过程的转化

教学管理系统的运行表现为动态过程,只要学校教学存在,这种过程就永远存在,这个意义上的教学管理过程称为一般过程。但任何过程都是以具体的过程存在的,具体过程指具体对象发展、灭亡的过程。教学管理的具体过程形式有全期管理过程、学年管理过程、学期管理过程、职能操作过程等。这些具体过程具有转化的性质,即一个具体过程在完结后,向与它有必然联系的过程过渡或者飞跃。过程转化规律是唯物辩证法的一个基本规律,教学管理过程也服从这一规律。

教学管理过程服从过程转化规律,主要体现在以下三个基本观点上:

(1)教学管理过程是相互联系、有层次、分阶段、有机结合的系统过程,不是杂乱无章、随心所欲的堆积,也不是各子过程的简单相加。全期管理过程、学年管理过程、学期管理过程、职能过程都以相应的系统形式存在,全期管理过程又是由若干个学年管理过程组成,学年管理过程由两个学期管理过程组成,学期管理过程又表现为一定的职能操作过程。

(2)教学管理过程由于其内部矛盾的相互作用和外部环境的影响,都是要转化的,而且转化是有根据的,后一个过程的发展变化总是以前一个过程为基础。比如学年教学管理过程,下一个学年是在上一个学年管理基础上的发展进化。全期教学管理也是如此,但又有其特殊性。由于每年都有新生输入,而且学生在校一般为四学年左右,因而全期教学过程具有并存性,即两个年级相邻的不同届学生同时在校三年,但对于整个学习的四年,在时间进程上,后一届学生相应的全期教学管理过程比前一届晚一年,因此后一届全期教学管理相对于前一届教学管理虽然有并存时期,仍然是发展进化的。

(3)一切事物的变化、发展,都是靠过程转化实现的,过程转化使事物不断发展前进。教学管理的存在、变化与发展,都是靠具体的教学管理过程转化来实现的,从职能操作到学期转化,再到学年转换,然后到全期转换,最终形成教学管理的全部过程,每一次转换都是在前一过程基础上的发展跃进,因而整个教学管理过程呈现出波浪式前进和螺旋式上升的状态。教学管理过程的转化还具有包含性,职能的转化形成学期管理过程,两个学期的转化形成学年管理过程,四个学年的转化又形成全期管理过程。

(三)过程的控制

所谓控制,就是使现实过程中存在的多种可能性变为有目的的一种现实性。过程与控制是相互依赖、密不可分的。一方面,任何过程都离不开控制,控制在过程中无处不在、无时不有,离开了控制过程就杂乱无章、无从认识;另一方面,控制又总离不开过程,离开过程,控制就失去赖以发挥作用的条件和对象,就难以实现控制的效能。因此,控制是过程的必然要求和结果。

教学管理过程实际上就是对教学过程进行控制的过程。教学系统运行过程中有多种可能性,为了使教学目标顺利实现,就必须对教学过程进行控制。例如,教师在具体的课程教学过程中对教学大纲、教材的理解可能是多样的,反映到教学中表现为教学组织和方法的多样性,所能达成的教学效果也就是多样的,这与教学目标的唯一确定性是矛盾的,为了确保课程教学目标的实现,就必须对教师在理解大纲、教材和采取教学方法方面进行及时的评价,采取有效的方法指导、协调,实现对课程教学过程的控制。

教学管理过程实现有效控制的条件主要包括以下几方面:

(1)确立教学管理的目标和标准。教学管理的目标与教学目标是统一的,这是教学管理的一个特点。教学管理目标的具体化就是各种标准,如"课程建设标准""优质课标准""教风学风建设标准"等。标准是教学及其管理工作的行为规范,是控制的依据,因此应具有科学性、可行性。

(2)进行教学检查评估,获取教学信息。教学检查评估包括专业检查评估、课程检查评估、课堂教学质量检查评估、全期教学检查评估、学期教学检查评估等形式,要根据全过程控制的需要及时进行组织。教学检查评估实际上就是获取和处理教学信息的过程。在教学信息的获取方面要做到"全、准、新",对信息的处理要去伪存真、去粗取精,通过综合分析,做出科学的判断和决策,要充分运用现代管理手段,如电子计算机等,提高信息分析处理的速度和客观科学性。

(3)运用各种手段实行有效控制。教学管理控制分直接控制和间接控制。直接控制就是管理人员不通过任何中间环节,直接作用于教学过程,如对教师的授课进行面对面的督促、指导和帮助。间接控制就是通过中间环节对教学产生作用,如通过制定教学规章制度,调整教学大纲等,影响教学过程。教学管理控制也分预先控制、即时控制和反馈控制。预先控制指在教学实施之前,通过制订教学计划、教学大纲和有关教学工作制度、教学指示等,对教学过程做出事先控制。即时控制指在教学实施过程之中,通过现场观察,随时进行督促和协调。反馈控制指在一门课程和一个教学阶段结束时进行成果评估,并把评估信息作为实施下一个课程或教学阶段的重要依据。

## 四、综合效益原理

综合效益原理,就是在教学管理中,要以实现最佳管理效益为基本目的。但教学管理的效益是经济效益和社会效益的统一。因此,各项教学管理活动要始终围绕教学系统的目标进行,一方面,协调好系统内部的各种关系,提高管理效率,从而产出最佳的经济效益;另一方面,要协调好系统与环境的关系,确保良好的社会效益,从而实现最佳的综合效益。现代教学管理的综合效益原理的主要内容包括以下三个方面。

(一)现代教学管理的基本目的是实现最佳的教学管理效益

长期以来,教育领域很少用到"效益"这个词,教学活动中更为少见,讲得比较多的是"质量"。我们常说"提高教学质量",就是讲培养出来的学生,要在德、智、体、美劳各方面得到全面发展,合乎培养目标的要求。但是,作为一种管理活动,教学管理不仅要以"提高教学质量"为目的,还有其"管理效益"问题。比如,教育教学培养的学生可能在德、智、体、美劳几方面都是好的,其质量是合乎规格的,但是毕业后不是社会所需要的,就业困难,这就是教学管理的社会效益问题。在教学系统内部,同样的学生,同样的教学大纲、教材和教学条件,同样的教学时间内,有的班级教学效果好,有的就差,这就是教学管理的经济效益问题。因此,教学管理也是讲究效益的,没有效益就无所谓管理,实现最佳管理效益是现代教学管理的基本目的。

### (二) 现代教学管理的经济效益

管理的经济效益指管理系统所表现出来的内在价值,这是管理效益的核心内容。教学管理的经济效益,就是指教学管理系统内一定的教学管理行为所产生的效果和利益。具体表现在管理行为效果与管理目标的相符合以及这一"相符合"的效率。

(1) 管理行为效果是一种已达成的客观状况,管理目标则是所期望的一种状态,管理行为是为了满足这种期望而发生的,因此,当这两者相符合时,也就是这一行为能顺利实现目标时,就是有效益的。事实上,这两种状况经常是不完全符合的,即有差距的。这种差距反映了管理行为的效益大小,差距越小,效益越好;差距越大,效益越差。例如,教学管理组织一定的教师和一定的教学条件进行一个年级学生的教学,最后考核大多数不合格,没有达到教学大纲要求,即没有实现教学目标,教学管理的目标也就未能达到,这种教学管理的效益显然是低下的。教学管理的作用,就是要对教学的具体过程进行全程监督,不断地协调和控制,确保教学目标的实现。

(2) 管理工作的进行是需要投入的,包括一定的知识、信息和物化劳动以及时间等,因此,达成一个同样的管理目标,不同的管理者所投入的力量是不同的。一般来说,实现同一目标,投入力量少的管理行为其效益相对较好。这说明提高管理效益的一个重要方面,就是在保证目标实现的情况下,尽量减少管理投入和成本。比如通过精简教学管理机构,减少管理层次,提高办事效率和效益。因此,应提倡各级领导深入教学第一线,掌握教学过程实际情况,对教师进行面对面的指导帮助,协调各种关系,促进教师改进教学,提高教学质量。

### (三) 现代教学管理的社会效益

教学管理的社会效益是指教学管理系统对环境的价值,包括对环境的经济、政治、科学文化等方面的价值所体现出来的效益。教学管理是对教学系统的管理,教学系统"生产"的不是一般的经济产品,而是具有一定知识能力结构和思想品德的人,即学生,教学系统通过其培养的人才对社会的发展进步有重要的贡献,这表现出教学管理的社会效益。

管理的社会效益对于教学管理系统具有特别重要的意义。首先,教学管理的根本目的是促进教学质量的提高,培养合格人才。但人才是否合格,质量究竟如何,最终要由社会来衡量。社会各用人部门通过人才的实际劳动对社会所做出的实际贡献大小,对人才质量做出科学评价。因此,教学管理的效益最终由社会效益来体现。其次,教学管理的主要职能是协调教学管理系统内外的各种关系,包括教学系统与社会环境的关系。政治、经济、科学文化等方面对人才数量、人才知识、能力结构、教学内容、教学条件等的客观要求,正是通过教学管理这个"中介"来传递的,反过来,教学系统运行中对社会系统的要求也是依靠教学管理来实现的,因而教学管理不可能脱离对社会的价值而谈其效益。最后,教学管理本身具有社会属性,是教学管理必须讲究社会效益的社会背景。教学管理系统以及学校教育系统都是社会系统的子系统,教学管理的属性是与社会制度、生产关系联系在一起的,比如教育教学方针、教学的领导管理体制、教学管理制度、教学思想、教职员工的管理等,都受社会性质的制约。这些从客观上决定了教学管理必须讲究社会效益。

# 第四节 现代教学管理的一般原则

教学管理的原则是根据教学管理的目的、教学管理过程的客观规律制定的对教学管理实践工作的基本要求,它是教学管理基本原理的具体化。

## 一、科学性原则

科学性原则是指教学管理必须遵循教学的客观规律,运用先进的科学管理理论和方法技术进行管理,不断提高教学管理的水平。科学性原则的具体要求包括三个方面。

(一)按照教学的客观规律进行管理

教学规律具有客观性,教学管理必须遵循教学规律,促进学生德、智、体、美劳全面发展。教学管理要根据教学过程的特点,运用现代管理理论和相关科学理论,探索建立教学管理的理论体系。教学管理的各项工作,如教学计划、大纲、规章制度等都是主观的东西,这些主观性的东西必须符合高等学校教学的客观规律,真正起到促进教学质量提高的作用。当然,就高等学校本身来说,由于学校的类型、专业设置、学生来源、教师结构、设备条件、管理水平、规模大小等方面存在着一定的差异,因此,各学校的教学管理工作,也还有一个结合各自的实际情况,具体分析、区别对待的问题,即要遵循各专业教学的特殊规律。

(二)要有科学的管理方法

长期以来,人们在教学管理实践中总结出了许多行之有效的管理方法,如计划管理的方法、制度管理的方法、分工协作的方法、调查研究的方法、深入抓点、以点带面的方法等。实践证明,这些方法对于提高教学管理效能都有一定的作用,有些甚至非常有效,在现代教学管理中应充分借鉴。随着管理科学的发展,现代管理理论和方法不断被引进学校管理领域,使教学管理进入一个新的阶段。运用系统论、信息论、控制论等的一些原理和方法,结合教学工作特点,改进教学管理,已获得显著进展。例如:建立封闭式的管理系统,形成有效的管理运动;建立信息反馈系统,及时准确地掌握情况,进行有效调节,及时消除工作中的漏洞;按照弹性原理,教学计划管理必须留有余地,保持一定的弹性,以便适应可能发生的变化,实现有效的动态管理;按照管理心理学的集体目标和个人目标统一、参与和认同、心理平衡等原则,协调各方面的关系,营造良好的人际关系氛围,充分调动各方面的积极性,以提高管理效能等。

### (三)要有先进的管理手段

所谓先进的管理手段,就是运用现代科学技术进行管理。目前高等学校运用电子计算机辅助教学管理比较普遍,如用微机进行教学档案管理,处理教学信息,编排课程表,分配教学场地,进行成绩统计与分析,处理图书资料分类、书目、检索、阅览统计等,大大提高了教学管理的效率。今后,要进一步加强教学管理软件的研制,更大程度地发挥微机在教学管理中的作用,并充分利用校园网等新的设施完善教学管理信息系统。

## 二、整体性原则

整体性原则指的是管理者要把教学工作视为整体,通盘规划,统一指挥,合理组合各个有关部门、各个层次、各种因素的力量,以达到最佳的管理效果。

(1)学校教学管理工作必须有整体规划和计划。学校管理者要根据国家教育法规和教育方针政策,遵照上级的有关指示,结合学校的具体情况,制订学校的教学工作长远规划和近期计划,提出学校教学工作的奋斗目标,用以统一和协调学校内部的各种因素。没有奋斗目标和计划,就不能进行有效的管理。

(2)在具体管理工作中,要求院校领导和管理人员首先要牢固树立整体观念,要把有利于实现整体目标作为考虑问题的出发点和行动的准绳,自觉地做到局部服从全局,部分服从整体,既要处理好教学管理系统内部诸因素的协调关系,又要处理好教学管理子系统与院校母系统及其他工作系统之间的关系;要从培养合格人才这一整体目标出发,科学地组织有关人力、物力、财力和时间,使之发挥最大效益;要善于把握工作的重点,及时解决影响实现整体目标的主要矛盾。

(3)合理设置职能机构,做到合理分工,密切协作。科学分工,就要建立岗位责任制,做到职责分明。领导要做领导的事,各层管理各层的事,一级管理一级,一般不要越级指挥。在科学分工的前提下,各单位之间还要密切协作,互通信息,互相配合,使整个教学管理系统成为一个有机的整体。

## 三、民主性原则

民主性原则是指管理者要充分发扬民主,调动全校教职员工的积极性和创造性,发动和组织他们参与教学管理。要依靠群众的力量,特别是依靠教师管理教学工作。

(1)要切实保障教职员工当家做主的地位和权利,有效地培养学生自我管理的能力。教职员工既是教学管理的对象又是教学管理的主人。要保障他们行使审议教学规划等重大教学管理内容和措施、参与重大问题的讨论和决策以及监督管理者正确执行国家教育方针政策和对教学管理工作提出批评与建议的权力。学生是学习的主体,教学管理者应重视培养他们自我管理的能力,组织他们参与学校和班级的管理活动。

(2)在调动全体教职员工积极性的基础上,坚定不移地依靠教师办学,是贯彻民主性原则的重要内容。依靠教师办学是学校管理的重要规律,更是教学管理必须牢固树立的信念。管理者在思想上必须明确教师在教学乃至整个学校中的重要地位和作用,通过加强思想政治工作,调动他们的积极性与创造性,充分发挥他们在教学工作中的主导作用。要研究教师的劳动特点和心理特点,根据这些特点采取适当的管理措施。要积极创造条件,为他们提供发挥智慧、才能和特长的机会,为他们开辟发表意见和建议的场所,争取全体教师对教学管理工作最大限度地参与和认同。

(3)贯彻民主性原则,关键的是领导者的民主作风。作为教学管理领导者,只有充分相信群众,依靠群众,善于激发和集中群众的智慧和力量,才能有效地发挥自身的领导和管理作用。领导者应深入群众,倾听他们的意见和反映,在工作中形成自己的智囊和骨干队伍,彼此之间在事业心、观点、人格乃至行为方式上互相认可,从而产生出信赖、关心、支持和主动帮助的行动。

## 四、激励性原则

激励性原则就是通过思想政治工作以及必要的精神与物质鼓励,激发管理人员、教师和学生的热情,充分调动和发挥他们工作和学习的积极性、创造性,实现教学管理的目标。

(1)加强思想政治教育工作和理想教育,激发人们的热情。要使全体教职员工充分认识学校教育在社会发展中的地位与作用,增强责任感和使命感。特别是在改革开放的新形势下,加强正确人生观教育,使广大学生明确自己学习的责任,树立远大理想,自觉地为社会发展、国家建设、民族振兴刻苦学习。

(2)坚持以精神激励为主,精神激励与物质激励相结合。要善于用奖励的手段表彰先进,激发上进心,把人们的智力和潜力挖掘出来。要建立合理的竞争机制,敢于鼓励冒尖,对表现突出的优秀人物要给予荣誉,树为榜样,实行重奖。奖励要实事求是,不能干好干坏一个样,要确实起到表彰先进的作用,防止奖励不当而失去激励作用。

(3)学校各级领导要把对教师和干部的政治上信任、业务上支持和生活上关怀有机结合起来,使他们能够心情舒畅地工作。领导的关怀往往能成为下级工作的动力,因此要为他们创造良好的工作条件,解决生活上的后顾之忧。

## 五、连续性原则

教育教学是一个连续的过程,无论是学生在高等学校的四年,还是学生整个的学习生活,都是一个不断递进发展的连续过程。前一阶段为后一阶段打基础,后一阶段是前一阶段的继续。因此,它要求教学管理上必须体现连续性的原则,要具有相对的稳定性,而不要人为地随意打乱或隔断这个连续的过程。

(1)高等教育是在中学教育基础上进一步发展的专业教育。因此,高等学校教学管理必须充分考虑学生在中学阶段的教育情况,包括思想政治教育、自然科学教育、体育教育以及学生的心理状况、智能发展等。要在中学教育的基础上确立大学教育的起点及其过程。当然,由于各学校学生的来源、结构不同,学生的思想、专业基础和身体状况在不同学校之间可能有一定的差别。因此,各学校定期调查分析其新生入学的状况,并把这种状况向有关人员通报,按照实际情况调整教学安排,应当作为教学管理的一项重要工作。

(2)教学过程中,各个阶段、各门课程和各个教学环节之间也是一个有机联系的整体。在教学管理中必须注意教学过程的各个阶段、各课程和环节之间的衔接和连续。这种衔接和连续要求在教学管理上注意各个阶段、各门课程和各个环节在时间和空间的安排上有一个合理的程序,如先行课与后续课的配合、理论与实践的配合、校内与校外的配合等。

(3)要保持教学的连续性,必须保持教学的相对稳定性。在教学过程中,各个阶段的安排、课程的设置和环节的配合是否适当,往往需要通过后续课程和环节的检验,有时甚至要通过学生毕业后的实践检验才能看出哪些是合理的,哪些是需要调整的。因此,在教学管理中,对于计划的制订、课程的设置和教学环节的安排以及对这些方面的变更都要十分慎重,不能随意或经常变动,致使计划的执行失去连续性,得不到客观检验的信息反馈。

另外,从人才成长的全过程来说,在教学管理中还要看到培养人才是一个长期的连续过程,学校培养人才的质量,最终要靠学生毕业后的实践去检验。因此,在教学管理中还要考虑高等教育长期连续性的特点,注意经济和科学技术的长远发展,加强长远发展的预测,以提高教学管理工作的预测性。

## 六、反馈性原则

反馈就是由控制系统把信息输送出去,又把其作用结果返送回来,并对信息的再输出产生影响,起到控制的作用,以达到预定的目的。

应用反馈方法进行控制时,一般会产生两种不同的效果:如果反馈使系统的输入对输出的影响增大,导致系统的运动加剧发散,这种反馈称作正反馈;如果反馈使系统的输入对输出的影响减小,使系统偏离目标的运动收敛,趋向于稳定状态,这种反馈称作负反馈。管理本身就是一种控制,现代化管理更是一项复杂的活动,因而反馈的意义就更大。现实中有许多地方需要正反馈,如两个单位开展竞赛,你追我赶,你强我要比你更强。但大量需要的还是那种为了缩小同既定目标的差距的负反馈。在管理中,反馈的主要作用就是对所执行的前一个决策引起的客观变化及时做出应有的反应,并提出相应的新决策建议,对新决策的做出和执行实现预先控制。

在运用反馈方法对教学系统进行控制时情况是多种多样的。如果系统所给的目标是一个常量,这样的控制称之为"简单控制";如果系统所给的目标是一个随时间而变的函数,这样的控制称之为"程序控制";如果系统所给的目标是一个随其他变量(非时间变量)而变的函数,这样的控制称之为"跟踪控制";如果系统所给的目标是达到某一函数的极值,这样的控制就是"最佳控制"。在现代教学管理中,不管是哪一类控制,为使系统符合教学和管理的目标,必须贯彻反馈原则,使系统具有不断自我调节的能力。尽管任何一定的调整、改革都不那么完善,但只要系统具有反馈结构,总可以在不断调节的过程中,逐渐趋于完善,直至达到优化的状态。

## 七、教育性原则

教育性原则要求教学管理的每项工作、每项活动对学生起到教育的作用,要求教学管理系统中每个工作人员对学生的成长都要尽到教育的责任。

学校是培养人、教育人的场所。青少年可塑性大、模仿性强,所以学校的全体工作人员、全部工作和整个环境,每时每刻都在影响着学生,事事都有教育作用,教学管理工作更是如此。

(1)教学管理的一切措施和方法都应具有教育作用。教学管理的目的是为了促进培养目标的实现,这就要求教学管理工作要符合教育规律,适应青少年身心发展的特点。教学管理的一切方法、措施和活动,都要把"育人"放在首位,凡是不利于教育的损害青少年身心健康的做法都应制止。

(2)言传身教是教学管理教育性的基本要求。榜样的力量是无穷的,学校全体工作人员包括教学管理人员的言行,时刻对学生起着潜移默化的影响,因此,领导和管理人员要为教师做出榜样,教师和全体管理人员要为学生做出榜样。要重视对教师的师德教育,开展为人师表的活动,要求每个教师既教书又育人。其他管理人员应立足于自己的工作岗位,加强对学生的思想品德教育,用自己的模范行动影响学生,实现管理育人。

(3)要创造有教育意义的教学和学习环境。教学管理要注意教学环境与设施的美化和规范化,整洁优美的校园和教学场地有助于陶冶学生的高尚情操,形成健康的审美观,培养革命乐观主义精神和热爱祖国、热爱生活的优良品质。

## 八、有效性原则

有效性原则是指在教学管理活动中,要合理而有效地利用人力、物力、财力和时间,以最小的消耗,更快地做更多更好的事情,从而使学校工作取得最经济、最有效的成果。

在教学管理中贯彻有效性原则,要求事事都要讲究效率、效果和社会效益。效率,通俗地说就是单位时间的功效,提高效率就是发挥管理的放大作用,充分发挥学校现有人力、物力、财力等因素的作用。效果是指工作的最后成效和结果,在学校就是指教学工作的结果。社会效益是指工作的最后结果对社会发展的积极作用和利益,在学校就是看毕业生是否适合政治经济发展的需要和是否有利于提高民族素质。学校工作不仅要重视效率、效果,还要重视社会效益。

贯彻有效性原则,必须在端正办学指导思想、坚持正确的办学方向、全面贯彻国家教育方针的前提下,合理而有效地使用学校的人力、物力、财力、时间和信息。

(1)人力的合理有效使用就是充分发挥人的主观能动性,做到知人善用,人尽其才,才尽其用,并使人们在工作实践中增长才干,在用人过程中培养人。

(2)物力的合理有效的使用就是加强物资管理,提高设备利用率,做到物尽其用。要以满足教学需要为中心,建立严格的财产保管和使用制度,加强对物资的保护和维修,防止损坏和丢失。

(3)财力的合理有效使用就是把学校有限的经费用在最为需要的地方,因此必须本着为教学服务和勤俭办学的方针,首先满足教学的需要,同时也要考虑师生生活的需要。

(4)时间的合理有效使用就是要加强时间的计划性,教育师生珍惜时间,提高单位时间的工作和学习效率。时间是学校管理工作的重要因素,科学地支配时间,就能取得管理工作的高效率。

(5)信息的合理有效使用就是要加强信息的管理,充分发挥信息在教学管理中的作用。现代教学管理在一定意义上就是对信息的收集、处理和运用,利用信息进行教学管理决策、确定教学管理目标、制订教学计划、辅助教学管理操作、实现教学管理控制等。因此,在现代教学管理中,应加强信息基础工作,在此基础上建立专门的教学管理信息系统,集中处理教学管理信息,提高教学管理信息的利用率,从而提高教学管理的效率和效益。

# 第三章 校本管理

## 第一节 校本管理的基本概念

### 一、校本管理的产生

校本管理是目前世界各国学校管理改革过程中呈现出的一种崭新理念和新潮流。校本管理的产生有其社会经济发展和教育与管理改革的历史背景。

校本管理是20世纪80年代西方发达国家在经济、科技发展对教育质量的高要求和对学校教育素质的高度期盼下产生的。在世界各国之间的激烈竞争中,要使自己处于竞争的优势地位,必须有经济实力作为强有力的物质基础。然而,经济实力的增强,靠的是科技;科技水平的提高,靠的是高素质的人才;人才的培养则靠的是教育。教育培养出什么样的人才,直接影响一个国家的科技发展水平和科技实力,进而影响一个国家的经济实力乃至综合国力。因此,有什么样质量的教育,就有什么样质量的科技,也就有什么样的经济。

今天的教育是明天的科技,是后天的经济。这句话是颇有深刻的意蕴的。西方主要发达国家在经济一度滑坡的情况下,为了尽快摆脱困境而寻找解决的对策,在一番审视和反思之后,他们都明确地意识到:经济的复苏与发展,必须跳出经济领域本身,从教育领域中寻求答案。于是,自20世纪80年代初期以来,英、美等发达国家的主要视点开始由经济领域转向教育领域,转向学校教育。

(一)校本管理是教育改革进一步深化的必然要求

进入20世纪80年代,各国都十分关注教育改革。教育改革分为三个层面:一是社会层面;二是学校管理层面;三是教育教学活动层面。教育质量的提高,关键在教育教学活动。当教育教学活动为适应教育质量提高的要求而进行改革时,学校的管理却仍是原有的模式,那么,教育教学改革就会因得不到学校管理层面的支持而无法进行。因此,学校如何根据自身的实际进行教学观念和教学技术层面的变革,这就必然要涉及学校管理的变革,即要变外控式管理为校本管理。

(二)校本管理是理论工作者和实际工作者聚焦于"中间地带"的行为自觉

学校管理的理论工作多年来关注的是学校管理的学科理论体系的构建和学校管理原理原则的阐述,是一种致力于抽象的、概念化的知识体系的研究。因而,它对学校管理中出现的一个个具体的实际问题无法做出令人满意的回答和有效解决的方略,理论与实践之间的隔膜和脱节,使两者都陷入深深的困惑之中。在这种情况下,理论工作者和实际工作者便开始共同思考如何构筑新的管理平台,开拓新的"中间地带"。也就是说,理论工作者的研究直接关注学校的实践,将学校管理的一般理论与丰富的学校管理实践紧密结合,再构建具有生命活力的学校管理理论。因而,校本管理是理论工作者和实际工作者在互为需求的情况下进行的学校管理思维方式和学校管理行为方式的改变的结果。

(三)校本管理是政府教育管理工作重心下移的必然之举

教育改革的进程一般是按照从宏观到微观、从外部到内部、从硬件到软件的顺序进行的。我国自 20 世纪 80 年代以来经历了宏观的办学体制、硬件的装备条件和教育法制等外部环境的改革。随着改革的深入,政府教育管理工作的重心下移,开始转向学校内部、微观和软件层面,政府由过去对学校的直接控制和管理变为间接的宏观管理,即着重把精力放到搞好调研、制定政策、提供服务等事项上,具体的学校管理工作则由学校按照教育法规政策和教育方针要求自行处理。特别是素质教育的有效实施,课堂教学的改革,教师队伍的建设,学校教育与家庭、社区教育的协调等,学校所发挥出的特殊作用都是政府教育行政部门难以做到的。因此,如果离开了学校的具体实践,离开了学校的主体性作用的发挥,所有的法规政策和指令都将成为一纸空文。

(四)校本管理是学校主动适应日趋复杂的管理局面的要求

当前我们正处在知识经济、网络信息经济的社会,而知识经济和网络信息经济又是以人为本的经济,其核心是人的智慧和创新。这种经济形态的变化,使得学校管理面对着复杂多变的社会环境。学校管理外部环境的自变量和学校管理的因变量并非像过去那样,有着较多的简单的线性关系。学校管理理论揭示的管理要素之间、管理内外之间的逻辑关系及其解决这些问题的传统思维方式已经陷入困境,学校管理一般理论也不能包容学校管理的全部问题。因此,只有立足于学校而构建起来的校本管理理论,才能真正成为开启学校管理中各种问题之锁的钥匙。

(五)校本管理是倡导创新精神、进行创新活动的条件保障

多年来学校管理是统一化、一致化和模式化,缺乏个性和特色,而要形成特色,就要实行校本管理。创新是学校发展的动力所在,创新离不开学校的现实,创新是针对学校历史和现实中存在的特定问题而进行的,因而没有校本管理,也就没有学校的特色,没有学校的创新。

(六)校本管理是建立现代学校制度的必要内容

学校管理体制是适应市场经济发展的要求而建立起来的现代学校制度,其基本内容就是要实行校本管理,要赋予学校法人的实体地位。这是学校管理自主化、办学主体多元化的必然要求。因此,学校作为市场运作体系中的一个竞争主体,必须根据学校外部环境和内部环境变化,不断地调整自己的管理行为,自主地进行课程教学改革、人事和分配制度改革,逐

步确立起现代学校制度。

综上所述,校本管理作为一种学校管理的理念是在20世纪80年代西方发达国家兴起的教育改革运动中应运而生的,其产生反映了学校管理工作顺应教育改革的要求,为社会经济发展提供优质教育和高素质人才的必然趋势。我国开始对校本管理进行理论研究和实践,是在20世纪90年代后期。随着政府机构改革、职能转变、权力下放,随着教育体制改革和现代学校制度的建立,随着学校自主权的扩大以及学校在市场竞争中主体地位的加强,学校就有一个如何适应变化、维持学校的生存、促进自身发展的问题。在这种情况下,我国的理论工作者和实际工作者借鉴西方发达国家校本管理理论,结合我国学校管理实际,共同推进现代校本管理理论和实践的研究。

## 二、校本管理的实质

校本管理是学校管理对传统的外控式管理的突破,是旨在提高学校效能的管理。何谓校本管理,它与传统的外控式管理有什么不同?这是我们在把握校本管理实质时必须首先搞清楚的。

校本管理,英文是school-based-management,其字面意思是以学校为本的管理。郑燕祥先生在其著的《学校管理的改进——理念·变革·实践》一书中对校本管理的理解是:学校管理以学校本身的特性和需要为出发点进行管理,即学校活动不受外界的严格控制,有相当的自主权和资源,能够主动地在发生问题的地方及时将问题解决。郑金洲教授在《走向校本:学校教育发展的取向》一文中对校本管理,着重是对"校本"的含义作了这样的表述:一是为了学校。即以改进学校实践、解决学校所面临的问题为指向,改进是其主要的特征,它既要解决学校存在的种种问题,也要进一步提升学校的办学水平及教育教学质量。二是学校本身。即学校自身的问题,要由学校中人来解决,要经由学校校长、教师的共同探讨、分析来解决,所形成的解决问题的诸种方案要在学校中加以有效实施。三是基于学校。即要从学校的实际出发,所组织的各种培训、所展开的各类研究、所设计的各门课程等,都应充分考虑学校的实际,挖掘学校存在的种种潜力,更充分地利用好学校的资源,让学校的生命活力释放得更彻底。

综上所述,校本管理是以学校为本体,以发展为主旨,以人为主体的管理。具体来说:一是校本管理以学校为基点。学校的发展设计、各项活动的展开、各种问题的解决都基于学校本身,而不是来自外部。二是学校管理应以人为本。即学校一切工作的出发点和落脚点都要把人放到中心位置,做到学校为人、学校靠人,要在管理中发扬民主,和谐合作。三是学校是一个不断改进、适应变化的自组织管理系统。校本管理的核心是学校有自主权。通过将校本管理与外控管理进行比较研究,可以帮助我们更好地理解和把握校本管理的实质,如表3—1和表3—2所示。

表 3－1 校本管理与外控管理的比较

|  | 校本管理 | 外控管理 |
|---|---|---|
| 教育工作特质 | 教育需求目标多元化;教育问题复杂多变化;教育改革幅度大、频度高;效能适应取向;追求素质 | 教育需求目标一元化;教育问题简单少变化;教育变革少;标准稳定取向;追求数量 |
| 学校管理原理（中央对学校） | 异途同归原理:达成目标可有多种不同方法,强调弹性灵活,各施各法;权责下移:问题不可避免,应在发生的地方及时将问题解决,讲求解决问题的效率;学校是自行管理系统:自主管理、主动开发、承担责任;重视人的积极性;发展内在的人力资源,校内成员广泛参与内部过程改进 | 标准结构原理:达成目标应有标准方法程序,强调通用性,放之四海而皆准;中央集权;事无大小,均由中央作集中控制,避免发生问题,追求程序控制;学校只是执行系统;外在控制,被动承受,无从问责;重视制度的约束性;加强外在监管,官僚系统膨胀;投入成本控制 |

表 3－2 校本管理与外控管理的校内运作

| 校内运作特点 | | 校本管理 | 外控管理 |
|---|---|---|---|
| 办学理想 | | 鲜明:是由成员共同发展、共同拥有并愿意共同承担,将它实现;重视主体性发展;明确而强化的组织文化 | 含糊:是由外界赋予且不需要发展的,成员未必接受,亦无意承担;重视执行外来的指令;模糊而衰弱的组织文化 |
| 活动性质 | | 校本性活动:根据学校本身特性和需要进行管理工作 | 非校本性活动:由外在因素决定管理的内容与方式 |
| 管理策略 | 对人的观念 | Y理论;复杂人;重视参与发展,人力需要 | X理论;唯利人;重视监管控制 |
| | 对学校组织的观念 | 学校是学生、教师、行政人员生活的地方,各人都有发展的权利 | 学校是工具,教师是雇员,合则留,无用则去· |
| | 管理目标 | 多元动态的,以长期发展为指向 | 简单、静态和短视的,多以眼前的成绩为目的 |
| | 决策方式 | 分权参与;教师甚至家长、学生参与决定 | 中央集权;行政人员决定 |
| | 领导方式 | 多层面领导,除传统的权力性领导外,还有非权力性领导 | 技术、人际关系及教学的领导 |
| | 权力运用 | 注重以专家权为主体的综合权力 | 偏重法定权、奖赏权及强制权 |
| | 管理技术 | 全面多样 | 简单片面 |

续表

| 校内运作特点 | | 校本管理 | 外控管理 |
|---|---|---|---|
| 管理资源 | | 学校有自主权;资源运用满足需要;及时运用资源解决问题;可另行开发,增加资源 | 中央严格规定;资源运用以标准确定;特殊用途按程序申请,审批;难于开发,避免手续麻烦 |
| 学校角色 | | 主动开发型;开发学校的特有条件,发展学生、教师和学校,教学以"学生为本",因材施教;管理以"教师为本",助长教学 | 承受被动型;执行中央指定的任务,以"行政程序为本",恐惧失误 |
| 角色区分 | 教育行政部门角色 | 支援及指导者 | 严密监管者 |
| | 行政人员角色 | 目标发展及带领者;人力发动及协调者 | 静态目标看守者;人事监管者 |
| | 教师角色 | 资源拓展者;伙伴;决策者;发展者 | 资源控制者雇员;随从;听令者;执行者 |
| | 家长角色 | 素质教育服务的接受者;伙伴;支持者、保护者 | 定量教育服务的接受者;被动者 |
| 人际关系 | | 伙伴关系;团队精神,开放合作、共同承担;组织气氛;投入型 | 层级关系;上司下属,等级严格、利益不同,难免冲突;组织气氛;无首型、离心型、控制型 |
| 行政人员素质 | | 有现代的管理知识和技术;能不断学习成长,具有发现问题和解决问题的能力;有战略眼光和宽广的胸怀 | 有相当的行政经验;能依照规章制度办事,避免问题产生熟悉现行条件 |
| 效能指标 | | 重视多层面、多元化指标;评估是学习过程 | 偏重最后阶段的考试成绩,忽略过程和发展;评估是行政监管手段 |

## 三、校本管理是自组织管理系统

在传统的外控式管理原理下,学校管理虽也把它看作是一个系统,但人们更多关注的是如何从外部进行控制的角度对其系统模型作静态性和逻辑性考察,而不是系统本身的发展。自组织理论则是立足于学校自身来研究学校系统的发展,这就使得人们对学校系统的研究更趋完善。自组织这一概念,是指自然界和社会中一般系统从无到有、从简单到复杂、从低组织水平向高组织水平的运动演化过程,这种演化的动力不是来自外界的简单控制,而是由系统内部的非线性相互作用引起的。学校管理是组织管理系统,根据学校是自组织管理系统这一假设,学校管理的改革与发展的动力,应是来自学校内部而不是外部。

自组织理论作为从一般系统理论发展起来的理论,它不仅表现在自组织的结构上,而且也表现在自组织的过程上。就其特点而言,它主要表现为以下几方面:

(1)自组织结构是一个动态的结构。它的维持与发展要依赖于系统与环境之间的物质、能量、信息的交流。在学校管理系统中,虽然过去和现在人们都是把学校作为一个特定的系统去研究,但这种研究也只是把它作为一个静态的有序结构,而没能像自组织理论那样去揭示宏观稳定状态下的微观动态有序结构。

(2)形成有序结构是系统内要素间相互影响协同作用的结果。外界环境只能是形成有序结构的条件,同有序结构的形成、维持和发展并无直接的关系,起直接影响作用的是系统内部的自组织能力。

(3)自组织是一个复杂的结构。在从无序态向自组织态过渡时,其有序结构是在一定的外界条件下"突然发生"的,学校管理系统也同样反映出自组织理论的这一特点。

学校管理系统作为人工系统,它离不开人在学校中的参与作用,但从外部力量作用和内部力量作用这两个角度来看,可以分为学校组织管理系统和学校自组织管理系统。如果一个学校的管理仅靠接受外部的影响和指令而进行,如学校只是按照上级教育行政部门的指令去执行任务,那它就是一种组织管理系统,其行为就是一种组织行为,它的体制框架就是"组织—人"。学校自组织管理系统则不是靠外部指令,而是靠学校内部各种要素间的相互作用,如在学校管理中,人员之间通过多维协调形成的人际关系、学校对外部环境的适应力和应变力,学校有效运行机制的建立等,都是自组织行为,它是一种"人—组织"的机制。作为组织管理系统,它不可能形成校本管理,因为它是受外部指令运作的学校管理,是一种不自主的学校管理。形成校本管理必须是自组织管理系统,因为学校组织只有自主性、自控性,才能形成自组织的校本管理。当然,自组织的校本管理说它不靠外部指令,并不是说它不需要同外部进行物质、信息、能量等的交换活动,而是指不靠外部的强制性指令,由组织自主、主动地同外界环境进行交换,使组织得以生存和发展。

## 四、校本管理是以人为本的管理

校本管理以人为本,可以从四个层面来理解。

(一)学校管理要以人为中心

学校管理从其构成要素来看,主要有人、财、物、时间、空间、信息等多种要素,但其中心要素是人。在学校管理的诸种要素中,人是最能动、最积极、最活跃、最具创造力的因素,学校管理中的各种自在之物只有通过人的作用才能转化为我之物,才能进入到学校管理活动领域之中。作为学校管理的要素,如果没有人的存在和人的作用,也就谈不上对其他要素的管理。因此,学校管理主要是对人的管理,是对人的行为的管理。

学校管理要以人为中心也是由学校的根本任务所决定的。学校的根本任务是育人,是培养高素质的现代公民。学校管理的一切出发点和归宿都要以人为中心,统筹安排其他各种管理要素。

(二)学校管理要满足人的需要

满足人的需要既是我国建设四个现代化的根本目的所在,也是学校管理以人为本的重要思想。学校中的成员有各种各样的需要,有对物质的需要,有对良好人际关系的需要,有对成就的需要,也有成长的需要。马斯洛提出的五个层次的需要反映了人的需要的种类和需要的递进层次。"Y理论"在对人的管理上,认识到了人的需要的多样性,因而注意了管理中对人的需要的研究,关注人的需要,通过对人的需要的满足,调动人的积极性,提高工作效率。学校管理要满足人的需要:一是要看到人的需要的多样性。即不同的人有不同的需要,要在管理中采取有针对性的措施,以满足人的多样化需要。二是要把人的需要和对其需要满足的可能性进行分析,以满足人的合理的需要。需要有合理与不合理之分,需要的满足条件也有可能与不可能之分,因此,要根据每个人需要的不同情况,给予适切性满足。三是人的需要随时间的变化,需要的类型也会随之变化。这就要及时关注人的需要类型的变化,满足人在不同时期的重点需要,以此调动人的积极性。

(三)学校管理要注重主体人的素质

提高学校管理中的人是主体的人,而主体的人的思想、智力和体力等素质,既是开展各项工作的基础条件,更是管理的重要内容。在管理中,一方面,要通过学习,提高学校中成员的理论素养;另一方面,要不断在实践中锻炼,提高其能力素质。在学校管理中,应把提高教师素质和学生素质放在突出的位置。具体来说,在教师方面:一是要加强师德建设,提高教师的思想品德修养和教书育人的自觉性;二是要加强教师的业务培训,提高教师的教学水平。在学生方面,要全面实施素质教育,坚持以德育为核心,以创新精神、实践能力为重点,促进学生个性全面和谐发展。

(四)学校管理要促进人的可持续性发展

学校管理以人为本,其实质和终极目标是人的可持续发展。可持续发展是一种新的发展理论,它源于生物学家和环境学家提出的协调发展理论,联合国环境与发展组织把它界定为满足自己的发展需要而又不对后代人的发展需要造成破坏。可持续发展实际上讲的是人在发展中如何与他人、社会和谐相处,如何使今天的发展更好地促进未来的发展。学校管理中人的可持续发展,不仅要看其在学校中的素质提高情况,更要看其在未来的发展中所奠定的基础和具有的能力,即在注重现实的发展中不能以牺牲未来发展为代价,要全面打好发展的基础;在全面提高素质的同时,突出能力这一重点,使其具有主动适应社会的各种能力。

## 五、校本管理是主动变革的柔性管理

校本管理的核心是权力问题。由于政府部门权力重心向学校下移,学校有了自主管理的权力。学校有了自主管理权,也就意味着有自己的责任要承担,即要不断提高学校教育和管理质量,形成自己的优势,维系学校的生存,促进学校持续健康发展,而学校的生存和持续发展又要取决于学校自身的条件和对外部挑战的有力回应。在学校管理主体多元化和市场竞争激烈的形势下,学校为把握自己的机遇和优势,维持生存,进而保持继续发展,需要做到:①主动适应。要适应已经变化了的环境,主动调整自己的管理方略。②积极变革。要在学校内部进行积极的变革,改变与学校目标不相适应的地方,而不能用冷冰冰的僵化体制和单一的模式去限制人们的自主选择。具体来说有以下几点:

第一,进行知识管理、知识共享。进行知识管理、知识共享,就是运用全体成员的智慧去提升学校对外部环境变化的应变力和创新力。

第二,改进学校管理组织。学校管理组织的改进是增强学校自适应的一个基础,是主动适应变化、增强适应能力的重要措施。学校管理组织是学校发展的组织保证,没有组织,就无法协调管理的要素和过程,也就无法进行有序、有效管理,达到预定的管理目标。由于传统学校管理组织是在工业化和计划经济的背景下形成的,因而这种适应工业化管理体制和计划经济模式的层级制、金字塔、垂直性、指令性控制的管理组织就不符合市场经济体制和学校自主权扩大的校本管理的组织要求,就必须进行改革;在校本管理过程中外部环境是不断变化的,组织变革的问题也不能一劳永逸,因而要因变而变,随时做出组织结构的调整。

学校管理组织的变革,主要有三种不同的类型:一是科学理性的组织变革。这种组织变革,注重的是组织的模式,即运用什么组织结构,是层级制还是扁平制,是单一型还是复合型。其变革的目的是追求组织的功能,通过功能发挥达到提高组织效率的目标。这就是我国学校管理体制改革的历程中,学校内部管理体制和组织机构设置几经变化的原因所在。二是注重组织内部的权力结构及利益机制的组织变革。这种类型的组织变革不仅要适应环境变化,同时也要注意权力结构在组织成员中的互动关系以及组织成员的趋利行为和利益调整机制。三是组织文化型的组织变革。组织变革是组织文化建设的过程,要发掘原有组织文化,融入组织外部文化,通过变革形成学校组织文化特质。

上述三种不同类型的学校管理组织变革,各有其特点,也有其不足。学校管理组织变革应从以下两个方面加以研究:一是外显的组织形态变革;二是内隐的组织文化变革。外显的组织形态变革是组织系统、框架结构、管理职能过程、管理资源的配置等。在学校管理组织层面,有组织决策、工作流程、人员任用、资源配置与监督控制;在教学组织层面,有课程编制、教学策略、教学方法、教学媒体、课堂管理、教学评价等。内隐的组织文化变革,在学习组织层面,有学习组织方式、学习活动、学习媒体等。其主要是内隐的以价值观为核心的文化体系,是经过管理人员的倡导、组织成员的认同,并在长期的演进积淀过程中逐步形成的。

第三,制订以目标为取向的柔性管理目标。制订目标并达成目标是现代学校管理的根本要求。同样,校本管理也要根据学校自身实际制订学校的发展目标和管理目标,并组织达成目标的活动。在达成目标的活动中,传统的外控式管理是一种步调一致的、单一化的机械活动,组织中的人完全按预定的方针、设计好的路径、模式化的方法去运作。如在学校管理中运用行政的手段去管理,在教学管理过程中按统一的大纲、统一的教材、统一的进度、标准化的考试去运作,并以分数为单一的评价指标,不允许人们在达成目标的过程中有多种方法的运用。我们知道,目标是人们的一种预期结果,学校发展目标和管理目标是学校中的人们对学校发展和学校管理的一种未来期待和预期结果。目标在学校管理中具有导引作用、激励作用和调节作用。它引导人们按照目标方向要求采取相应行动,激励人们在达成目标的过程中不断进取,创造性地开展达成目标的活动,并在这一过程中随时调节自己的偏离目标的行为。因此,人们达成目标的过程应是殊途同归的,应有多种方法的选择;人们可以根据目标要求和自己的实际情况自主地选择相应的有效方法,而不能统一化、单一化。

校本管理的目标达成不是单一化和统一化,而是在达成目标的管理过程中的一种柔性的管理,所谓柔性管理不同于用强制的行政手段和制度的控制力进行的管理,它是按照人的心理和行为的活动规律而采用的非强制的软控制,是通过在人们心中产生一种潜在的驱动力,而把学校管理目标变为人们的自觉行动。学校的柔性管理虽也是一种管理的控制,但它不同于刚性的规定、制度和纪律的控制,它的控制是人们的一种自觉的主体性控制,这种柔性管理的特征如下:

(1)以信息为基础。学校组织中的成员要能获得做出选择和决定的必要信息,这些信息包括学校的目标、资源状况、环境问题、学校已有成绩等;要收集与实现管理目标有关的信息并与学校管理人员、学生家长和学生、学校教师共享这些信息,并通过适当的形式传递信息。

(2)以激励为手段。在管理中运用激励手段,这在传统的组织理论中就已提及:传统的组织理论基于"X理论"的人性假设,为提高管理工作的效率,在激励方面采用的是恐吓、惩罚和物质刺激的方式;人际关系学说是基于"Y理论"的人性假设,在激励方面采用了以奖赏为主的方式;行为科学则是以工作中的奖励为主,发展到20世纪70年代,便注重以激励的特性为主。从以上激励的发展历程中,我们不难看出其发展变化的轨迹,即由外部控制转向内部引导,由硬性措施转向软性文化,由单一激励转向整体配合激励,由管理者对下属激励转向组织成员自我激励。柔性管理正体现了这种组织的文化整合的自激励的特点。

(3)以学习为动力。柔性的学校管理是以个人和组织的持续学习为动力的。学习是校本管理的动力之源。鲍尔·沃尔纳认为:学习型组织就是把学习者与工作系统地、持续地结合起来,以支持组织在个人、工作团队及整个组织系统这三个不同层次上的发展。学习型组织是指:通过培养弥漫于整个组织的学习气氛,充分发挥员工的创造性思维能力而建立起来的一种有机的、高度柔性的、扁平化的、符合人性的、能持续发展的组织。这种组织具有持续学习的能力,具有高于个人绩效总和的综合绩效。彼得·圣吉在分析学习型组织的特征时指出:组织成员有一个共同的愿望,这种共同的愿望使不同的人聚集在一起,朝着组织的共同目标前进;组织由多个创造性团体组成,团体是学习型组织中最基本的学习单位,团体本身是彼此需要他人配合的一群人,组织所有的目标都是直接或间接地通过团体努力来达到的;善于不断学习,组织中成员养成学习习惯,营造组织的学习气氛,在工作中持续不断地学习。学习是学校中每一个人的事,需要大家全身心地投入学习;学习是全过程的,是学习与工作的共同推进过程;学习是团体的学习,不仅要个人的学习,更要组织成员的合作学习。

(4)制定以责任为保障体系的柔性管理制度。柔性的学校管理不像刚性管理那样是靠权力的作用维系组织的运作,一旦权力失衡,就会导致管理组织的混乱。柔性管理是强调管理中的每个人既是活动的主体也是责任主体,都要对自己的行为及活动的结果承担责任。因此,认清自己的责任,并做出相应的责任承担,这就可以使组织中的每个成员以高度的责任感去创造性地开展工作。

## 第二节 校本管理的基本内容

校本管理的主要内容包括:校本发展特色管理、校本人力资源管理、校本组织变革管理、校本课程管理、校本教育科研管理和校本发展性评价管理。

### 一、校本发展特色管理

校本发展特色管理是指对学校的发展定位、办学方向,即学校办学特色的管理。学校发展要有科学管理的目标定位。这种目标:一是要明确其方向。即校本管理的特色是什么,如建平中学的"合格+特长"特色。二是校本管理要反映程度上的要求。即目标达成的范围、层次到了什么程度。三是时间上的要求。即在什么时间达到目标。学校的目标定位是学校一定时间内预期达到的结果。校本管理目标的确定要注意以下四点:

(1)要适应社会发展的客观需要。我国为应对经济全球化和知识经济社会的特点,在对学校的人才培养上,就是要做到基础性学习、发展性学习和创造性学习的统一,科学素养与人文素养的统一,基本要求与个性特长发展要求的统一,智力与非智力因素的统一,自主与责任的统一。这一客观要求,在学校制订发展目标时,就必须充分考虑自己承担的社会责任,使所制订的目标符合社会经济发展对学校教育的要求;同时,家长的需求也是确定学校目标的客观依据。学校的特色需要家长参与支持,要了解并分析其需求,并取其合理部分。

(2)要把握学校自身的客观基础。这是指学校在自身的发展过程中的历史演进和文化传统,是学校所处社区的自然环境、文化环境和生活环境。学校在发展中总是自觉或不自觉地受到社区环境的影响,总要在一定程度上体现出社区的生活特色和文化特色,因此,目标的制订必须把握这一客观基础,要善于从差异的比较中做到扬弃和超越。

(3)要考虑学校办学的客观条件。学校的发展目标的制订要充分考虑学校自身的办学条件。学校办学条件包括师资队伍状况、设施设备状况、学校人际关系状况等,而师资队伍是学校目标能否实现的关键性条件,学校的发展及其目标实现主要依靠一支高素质的教师队伍。

(4)要符合两个客观规律。学校发展目标的制订要符合教育发展的客观规律和产业发展的客观规律。在制订目标时要注意几点:①要始终把学生看作是学校的主体,一切以学生的发展以及学生达到了什么目标和掌握了什么知识与技能作为学校的目标。②要以学校管理活动的结果来描述,目标是对预期结果的表述,而不是对活动过程的描述,因此,目标必须有行为结果的具体描述。③目标要求要明确具体,也就是在目标表述上应用指令语而不是指导语,要具体而不能抽象。教育发展的客观规律是学校教育的本质的、内在的联系。产业发展的客观规律主要是指经济运行规律要符合产业发展规律,就是说学校作为教育的有机整体的重要组成部分,要按照市场经济的规则和机制来进行管理。在全国教育工作会议上把教育作为具有基础性、全局性、先导性的知识产业。因此,制订学校目标时要遵循产业发展的规律,要考虑为达到目标要充分发挥市场在资源配置中的基础作用,提高学校资源的配置能力;要进行实现目标的投入与产出的成本效益分析,提高学校竞争力等。

## 二、校本人力资源管理

校本人力资源管理是学校为增强学校中的人的适应力,使其在学校的各项活动中发展成为更有效能的成员而进行的维持性和发展性的管理。人力资源的管理是现代学校管理关注和研究的一个重要内容,也是校本管理得以进行的核心支撑。人力资源管理包括两层含义:一是发现、培养和充分合理地使用人才;二是发掘每个人员的潜能,并使之运用到学校的各种活动之中。学校的人力资源管理具体包括"职位—发展"过程和"目标—行动"过程两个层面。"职位—发展"过程主要包括招聘录用、薪金福利、考核奖惩、培训发展等。"目标—行动"过程主要包括授权、激励、处理冲突等。在校本人力资源管理中,其重要的理念是培训和发展。培训的目的是使组织成员更加有效地工作。校本人力资源管理中的培训是基于这样的一种认识:人力资源是一种经济型资源,对人力资源的培训是一种投资而不是一种消费。

什么是校本培训,郑金洲指出,校本培训是源于学校发展需要,由学校发起和规划的、旨在满足学校每个教师工作需要的校内培训活动。校本培训是在培训的外部取向向内部取向、培训内容的理论性向培训理论与实际工作结合的转变过程中而产生的。这种校本培训的特点有:①其主体是学校,是学校的主体选择行为。②培训活动在校内,以学校为基地。③培训的内容紧紧贴近学校工作实际,而不是纯理论的知识。④培训的施行者是校内校外理论工作者与实际工作者有机结合,针对性、实效性强。⑤校本培训在组织形式上是团体互动学习。

校本培训是教职工发展的积极措施。在20世纪70年代以前,西方国家侧重学位文凭的在职培训,校本发展培训是进入20世纪80年代,人们认识到教职工参与校本延续教育对其发展的重要意义之后,才兴起的人力资源管理的新潮流。这种发展的主流来自美国。校本培训在教职工发展观念上与旧观念相比,有很大差异,如表3-3所示。

表3-3 校本培训新旧观念比较

| 旧观点 | 新观点 |
| --- | --- |
| 外控形式:规划及管理都是由教育部门或办学团体倡导及主持,少数有教职员参与其事或提供意见;活动多流于表面化,未能切合教职员的实际需要;活动多在校外进行,参加者必须离开本身工作岗位,故不利于学校的工作 | 校本形式:校本教职员发展是以校内教职员为主导,内容是依据教职员和内部需要而设计的;发展活动多在校内进行,教师无须离开工作岗位,亦可即时实习,将所学到的理论印证于实际工作中 |
| 补救式:活动一般是基于教育过程出现问题,教育部门或办学团体为了安排补救方法而带动,所提供的活动可应对一般的需要,未必能针对学校本身的特殊问题 | 发展式:活动是为校内教职员各方面的发展需要而策划的;通过识别学校、小组及个人需要而设计活动,而且每年检讨及应需求而改进 |
| 临时,缺乏系统:活动一般都是临时性质的,并无专人负责策划推动,所以既无长远发展策略,亦缺乏系统性的管理安排 | 连续,有系统规划:活动被纳入全年学校方案内,每年推行,而且得到行政人员的全力支持,并由专人负责策划、执行及评估 |
| 内容零碎,偏重技术知识:活动缺乏长远目标,内容片面、零碎,而且多集中在知识和技术的灌输上,强调教师行为的改变,缺乏其他的发展活动 | 内容连贯,兼顾技术、情意、信念:活动有系统地进行,能平衡各方面发展需要,而且内容连贯,除了提供所需的知识和技术外,亦兼顾教职员认知和情意等发展需要 |
| 偏重个体的需要:目标多集中于个别成员,以弥补他们正规训练的不足,缺乏针对团体协作或学校整体效能上的改善而设计的训练,无助于团体的发展 | 兼顾个体、小组、全校的需要:目标兼顾个体、群体和全校多个层面,最终目标是为改善个体、群体及学校三者的效能,有利于学校整体的发展 |

续表

| 旧观点 | 新观点 |
| --- | --- |
| 只限教师：内容偏重于教学有关的知识和技术，忽视行政人员或校内其他职员的发展需要 | 兼顾教师、行政人员、职员：内容同时兼顾教师、行政人员及职员不同范围的需要 |
| 外来主讲者：活动的主持人及讲者主要是外来者，并不熟识学校情况，内容多流于理论化及引用一些不相关的例子 | 校内外主讲者：主讲者包括校内教职员及外来的专家，所以讲题较切合参加者的实际需要，并能引用真实个案，有利于实践应用 |
| 教职员角色被动：参加者一般都是为了满足教育部门的要求，被学校委派或为升级而参加，所以他们的角色被动，缺乏动机和投入感 | 教职员角色主动：针对教职员的需要，策划和管理都是由教职员主动参与的，所以他们的角色主动，有较好动机和投入感 |
| 形式多为演讲：活动形式单调，主要集中于研讨会和工作坊，以演讲方式进行，参加者处处被动，对内容兴趣不大 | 形式多元化：活动多元化，以不同形式灵活地进行，其中包括研讨会、演讲、工作坊、教练式、素质圈、班级研究、教师及学校评鉴 |
| 参加动机：外在报酬，一些较长期的专业训练活动，教师是必须以私人时间参加的，主办者为鼓励参加者积极参与，多以外在报酬为鼓励，结果参加者的内在动机不纯 | 参加动机：内在成长，发展活动切合教职员的需要，有助于实际工作；参加者重视内在成长，把握专业发展机会，故此无须以外在报酬引发他们的参加动机 |

从表3—3中，我们不难看出，校本培训是不断更新学校人力资源的观念并促进能力不断提高的培训，是当今学校管理的重要内容。

## 三、校本组织变革管理

适者生存，优胜劣汰。这是社会与自然的共同法则，是学校生存与发展的必然要求。学校要适应变化、应付变化，就要不断地进行变革。学校面对的内外环境是不断变化的。这种变化，从外部来看，有经济的、社会的、政治的、文化的等；从内部来看，有学校领导的、结构的、文化的、资源的、成熟度的等。

我们现在所处的时代是急剧变化的时代。在这种时代，旧的教育教学思想和管理思想将被迅速淘汰，变革成了学校进步和发展的强大动力。

学校由外控的管理走向内控的校本管理，其本身就是一种组织变革，而校本管理的运作与发展，又推动学校组织进行更多层面和内容的变革。校本组织变革管理，就是学校根据内外环境变化，在校外专家的指导和协助下，由学校组织的全体成员参与计划并系统地解决学校组织问题的变革活动过程。学校组织变革，首先，它表现为一种适应性行为，通过学校内部的组织变革增强对变化的适应能力和应对能力。其次,它是促进学校持续而有效发展的动力。通过组织变革,一方面,可以维持学校内部的有效运作;另一方面,可以使学校在适应外部变化中向目标迈进。

学校组织变革管理,包括变革目标管理、变革因素管理、变革策略管理、变革过程管理等。

## 四、校本课程管理

校本课程是指以学校为基础,按照学校的办学理念和宗旨,并在对学生个性发展需求进行系统分析评估的基础上,自主开发的多样性和选择性的课程。

校本课程是以学校为基础的课程,首先,它要体现学校的办学宗旨和办学特色;其次,校本课程要有利于发挥教师的教学特长;最后,校本课程应注重学生特长的发展。校本课程管理涉及校本课程设置管理、校本课程实施管理和校本课程评价等内容。

(1)校本课程设置管理。在校本课程的设置中,要解决好几种课程的关系:①解决好统一性课程和自主性课程的关系。统一性课程是基础性要求;自主性课程是补充性课程,是体现个性发展的要求。②解决好学科知识课程和实践活动课程的关系。学科知识课程是要为学生打好基础,形成系统的知识体系的课程;实践活动课程是培养学生的综合能力和动手能力的课程。校本课程设置要注意处理好这些关系。③解决好文科课程与理科课程的关系:校本课程设置要改变重理轻文、缺少人文关怀的现状。④解决好呈现性课程与探索性课程的关系;要注重探索性课程的设置。⑤解决好显性课程与隐性课程的关系:重视隐性课程的开发。

(2)校本课程实施管理。校本课程实施管理包括:①建立课程标准和课程指南。②依据校本课程指南组织教学活动。

(3)校本课程评价。校本课程评价是对校本课程开发与实施的结果进行价值判断的过程。在校本课程评价方面,江苏锡山高级中学在校本课程评价实践中进行了有益的探索,其评价主要涉及背景评价、输入评价、过程评价和结果评价等内容。

## 五、校本教育科研管理

校本教育科研是指学校问题的研究,它是将学校的实践活动与教育科研活动密切结合起来的研究。具体来说,校本教育科学研究以学校为基础,以学校中的问题为研究方向,注重教育科学研究与学校的实际工作的有机结合。在研究中,较多的是运用行动研究和实验研究。行动研究的成果包括研究的文本性成果和行动本身的直接效果。校本教育科研的内容包括:学校中的问题是什么,问题的性质、发生的时间、发生的空间和影响的程度是什么,问题产生的原因是什么,用何种方案解决最有效,如何实施这一方案等。

校本教育科学研究是学校中的人员通过问题研究来指导纠正和评价他们的决策和行动的,研究学校里发生了什么和决定怎样做使之更好。它一般包括三个阶段:①规划;②采取行动;③搜集关于行动的后果的资料。校本研究可以是个别研究,也可以是合作研究。校本教育科研管理就是对以上一系列内容和活动进行的管理。

### 六、校本发展性评价管理

校本评价涉及评价的观念、评价的功能、评价的内容和评价的方法等。评价的观念涉及如何理解质量。目前,有关质量的观念主要有:①内适质量观。这种质量观是一种封闭式、自我适应式的质量观,它是以纵向的这一单元为下一单元、低层次年级为高层次年级做准备的质量。②外适质量观。这种质量观是以社会的需要、学生家长的满意程度为取向的质量。如政府在各项文件中强调和要求的。③科学质量观。科学的质量观应是社会取向和个体取向的有机结合,即满足社会需要和促进学生个体身心发展两者的结合。因此,我们在进行校本评价时就要以此作为评价的质量标准。发展性评价是一种学校、教师、学生发展的理念,其功能是促进学校的可持续发展,它的基本思想是没有最好,只有更好。在评价中只有通过诊断性、激励性评价才能更好地促进学校教师和学生的发展。发展性评价的基本理念是:①要提高学校对可持续发展的贡献率,促进学校的可持续发展,也就是说,学校要充满发展的活力。②发展性评价追求的是"更好",而不是一时的"最好"。③发展性评价的最大价值是使学校在今后把工作做得更好。④学校发展性评价不是现场评价,而是大规模数据库的应用。

## 第三节 校本管理的几种实践模式

校本管理的理念引入我国以后,不少学校都在积极探讨校本管理的实践模式,就总体来说,各学校在校本管理的实践中都有自己不同的切入点,形成了各具特色的独到模式。

### 一、高度参与管理模式

一般来说,随着权力下放,学校自主权扩大,一些学校尝试高度参与的管理模式,鼓励教职工参与学校管理和自我管理,通过这一模式的运用提高学校管理质量,促进学校的发展。在参与管理的形式上包括:①成立学校委员会,由管理人员、教师、家长和社区成员(有时还有学生代表,其中教师占大多数)组成学校管理委员会,让各方面人员参与到学校发展的决策和管理之中,特别是注重教师在决策中的影响作用。②预算、人员安排和课程设置等权力分解给年级组或学科教研组或若干个平行的专业小组。在权力下放过程中并不是把权力交给集体,而是要在这个集体中形成一个强有力的领导核心,这样的核心能开阔学校的视野,做好学校的有关领导工作,协调学校各级在改革和实施中所涉及的各种关系,并集中力量给学校以支持。

## 二、教师专业发展管理模式

积极进行改革的学校都要求对教师、校长和其他人员进行培训,以满足其专业发展。这种培训不仅要在教学内容和教学方法上提供指导,还要在问题解决、冲突解决和时间安排等方面给予指导,校长需要理解他们的新角色。专业发展的培训由校长、教师共同决定,通过培训,增强他们的能力,提高整体成绩,使学校成员之间有共同的知识基础。

## 三、校本课程模式

这是我国目前一些基础条件较好的学校探索实验的一种模式,如江苏锡山高级中学的校本课程就是一例。江苏锡山高级中学依据国家、地方教育主管部门的指导性文件和学校的育人目标、学生需要,提出了校本课程的总目标:①学会交往、合作。②至少学习一门综合或探索性课程。③具有自信和坚毅的品质。④具有现代意识和技能。⑤掌握一项健身技能和一项闲暇技能。根据这一总目标,每周安排5个课时来实施校本课程。校本课程分限定选修、任意选修和兴趣活动三类。校本课程着重培养学生的科学素养、人文素养、身心素养和生活素养。

## 四、校本研究模式

该模式主要以学校的现实问题为起点,进行研究项目的设计和实施,具体包括:项目和目标确定,研究内容、研究方法和实施等。如深圳市罗湖小学在校本研究中结合学校需要解决的问题,开展课题研究,通过校本科研,不断焕发学校发展的新的生机和活力。他们的校本教育科研经历了一个由单一到全面、由零碎到系统的发展过程。他们通过常规教研、课题研究和课程改革等研究,促进了学校教育和管理质量的提高。

## 五、校本评价模式

现在一些学校改变过去那种终结性的以奖惩为主要目的的评价,探索旨在促进学校成员个体和学校组织共同成长的校本发展性评价。这种评价是一种注重于工作改进的评价,是一种着眼于提高素质、促进发展的评价,是一种以未来发展目标为取向的评价。

# 第四章 课程管理

学校管理工作的根本目的在于保障学校教育目的的实现。一所学校对要培养什么样的人才和如何培养等基本问题的思考(即学校的办学宗旨)决定了学校管理的方式方法和风格特色。学校课程正是学校办学宗旨的具体的、集中的、直接的体现。因此,学校课程的设计与管理是学校管理工作的最重要的组成部分之一。

## 第一节 学校课程管理的基本概念

### 一、课程

课程作为一种重要的教育现象,随着教育的不断发展,人们对它的认识在不断变化,不同的教育理论流派对它的界定也就不尽相同。例如:传统教育学派认为,课程就是指学科;实用主义教育学派和进步主义教育学派认为,课程的主要表现形式是活动;改造主义教育学派则认为,课程就是围绕社会问题进行的学习内容。随着各种关于课程的教育理论的传播和普及以及在教育实践中对传统学校教育单纯学科课程系统结构产生的弊端认识的深入,理论界和教育实际工作者对课程内涵的认识也在扩大。

现在对课程概念的界定一般分为狭义和广义两类。顾明远先生在《教育大辞典》对课程作了广义的界定:为实现学校教育目标而选择的教育内容的总和,包括学校所教各门学科和有目的、有计划、有组织的课外活动。所谓狭义的课程概念是指学科,如语文课程、数学课程等。

我国课程学专家廖哲勋先生通过对国内外有关课程改革情况的考察和文献分析发现,现代中学课程呈现多序列、多层次的表现形式。他在《课程学》一书中指出:所谓多序列的表现形式,是指一系列学科和一系列活动项目。所谓多层次的表现形式,是说这两大序列都分别规定在课程规划(即"教学计划")、分科标准(即教学大纲)和各类教材之中,表现为三个层次:①中小学课程规划设置的一系列学科和与此配套的各科标准与教材是中小学课程的主要形式,不过,现代分科课程只是现代课程的主要形式,而不是唯一的形式。②一系列灵活机动的活动项目和有关的活动指导书是现代中小学课程不可缺少的一种辅助形式。例如,我国部分实验学科中开展的活动主要有班团队活动、社会实践活动、科学技术活动、文艺活动、体育活动、特殊兴趣活动等类型。③现代中学的课程规划往往还包含一些专题课,有些国家称之为问题课程,我国称之为专题讲座。这是现代中学课程中的另一种辅助形式。

除上述的中小学的正式课程的表现形式外,还存在着不可忽视的非正式课程,亦称作隐蔽课程。它通过校园环境、校园生活、校风、校内人际关系潜移默化地影响学生的课程。之所以称它为非正式课程,是因为这种课程没有具体的目标和计划。

廖哲勋先生认为,课程的本质是指由一定育人目标、基本文化成果及学习活动方式组成的,用以指导学校育人的规划和引导学生认识世界、了解自己、提高自己的媒体。

## 二、课程结构

课程结构是指课程内部各种要素、各组成部分之间合乎规律的组织形式。它规定了传授给学生的学科种类和知识范围,并以教学计划的形式规定各门课程的教学顺序、相互间的衔接、教学时数和比例关系。

廖哲勋先生认为,课程结构的要素是指,在一定社会条件下,人们为促进学生的发展而选择的、构成课程所必需的经验因素。这里所说的"经验"主要是指学生需要掌握的间接经验,即前人征服自然和改造社会所积累的基本认识成果。他指出,新中国的学校课程基本上属于现代课程。虽然它尚未完全摆脱传统课程的影响,但是它正在向现代课程转化。经过一系列的调查研究发现,我国中小学课程包含着认知经验要素、道德经验要素、审美经验要素和健身经验要素。所谓"认知经验要素",是指新生一代需要掌握的人类科学文化中的基本知识以及与人类有关的基本技能与基本能力的经验;所谓"道德经验要素",是指年轻一代需要继承的社会主义道德中最基本的观点、品质和行为习惯;所谓"健身经验要素",是指儿童和青少年需要获取的前人关于健身的基本知识、基本技能和良好的习惯。

构成课程结构的各个组成部分可以根据不同的标准进行不同类型的划分:按教育目标来划分,有德育课程、智育课程、体育课程、美育课程等;按学科种类划分,有自然学科课程、社会学科课程、思维学科课程、艺术学科课程等;按学科功能划分,有基础课程、专业课程等;按学习要求划分,有必修课程、选修课程等。

根据不同的设计思想,可以形成不同类型的课程模式,也称作课程类型。它一般可归纳为四类:①按学科领域分科设计的分科课程或学科课程。②按生活活动设计的活动课程或生活课程。③打破学科界限,把有关学科合并为广阔领域设计的广域课程或综合课程。④以专题为中心设计的核心课程。

20世纪初在欧美兴起了一场教育改革运动,其改革的一个重要目标就是要打破传统的学科教育中单纯学科教学的课程结构和单纯的班级授课形式。这种改革的思潮在二战以后直接影响了亚洲经济迅速起飞国家的中小学课程结构。如在20世纪70年代中期,日本学者山田荣在《现代教育课程入门》一书中就把日本课程分为三类,如图4-1所示。

```
                    ┌ 学科课程
         学科中心课程 ┤ 相关课程
                    └ 融合课程

                    ┌ 学科中心课程
         广域课程    ┤
                    └ 生活中心课程

                    ┌ 生活领域课程
         生活中心课程 ┤ 核心课程
                    └ 生成课程
```

图 4-1 课程分类

20 世纪 80 年代以后,这种思潮开始影响我国,20 世纪 90 年代中期就已经形成了改革的潮流。其中,较为流行的做法是把学校课程分为三类:学科课程、活动性综合课程和环境课程。关于这类改革已有大量的理论研究文献和大量的实践总结报告,这里不再赘述。需要指出的是,这类课程改革有两个需要解决的重要问题,即如何把握好直接经验学习和间接经验学习的矛盾关系,如何把握好分学科专业知识的学习与综合性知识的运用活动和实践能力培养之间的矛盾关系。特别要防止那种缺少内在有机联系的、一种表面形式上的不同学科之间的拼盘式的课程结构改革。

## 三、课程成分

课程成分是指课程的组成部分。国际学术界普遍认为,课程是由以下五个方面构成的。

### (一)对学生和社会的假定所组成的框架

课程学专家伊什在《国际教育百科全书》中指出:全部课程的组织始于对学生及他们所生存的社会的设想。课程计划制订者的第一个指导构想是确定学生的能力、需要、兴趣、动力及学习某种文化内容的潜力。学生对课程内容的吸收和形成经验的能力是心理学、人类学、社会学等共同研究的内容,也是许多教育分支学科研究的基础。学生可以吸收什么,在什么条件下吸收,其结果如何,这些历来就是指导这些研究的重大问题。学校应把各种课程与个人相匹配(如职业、文科、理科)以反映出课程对社会的适应性,在这个社会中,个人将成为发挥作用的成员。社会的目标、社会对受过训练的人才需要、对社会需要的重视高于学生个人的目标,这些都是课程制订者非常重视的领域。在准备课程时,对课程各个组成部分的选择需要注意杜威提出的问题,即课程是否基于学生的需要、社会的需要,是否兼顾两者。

### (二)宗旨与目标

在课程编制过程中,宗旨和目标的选择意义重大,因为这对准备课程的后续部分起着指导作用。宗旨和目标的选择,首先要关心选择学科内容和学生的经历,此外还要为教师构建出定向努力的舞台。由于宗旨和目标的表述没有统一的标准,因此,它们是以多种形式反映哲理性的设想,反映学生和社会的需要。课程的宗旨可能是总体性的,也可能是具体性的。宗旨与目标随着文化及其参加者的变化而演变和发展。从总体上讲,课程在反映这些变化时一般是落后的。因此,在世界范围内普遍存在的问题是如何使课程能符合时代的发展。

### (三)学科内容的形式(范围和顺序)

学科内容是经过选择和组织的文化内容,是作为整体供教师和学生使用的。根据学生能力的了解和社会向他们提出学科的学习要求,课程制订者便对学科内容做出选择,以确定所学学科内容的范围及学习学科内容时的顺序或次序。这些选择是通过教科书、课程指导、教学大纲、电子数据库以及其他对教师和学生的指导而体现出来的。

学生的经历主要来自文化内容。文化内容是从人类知识的主要领域中产生,并根据学科系统为正式课程的实施而组织成的。学科内容的形式及其安排可以以多种形式出现,但教科书是教师和学生在学习学科内容时所使用的标准材料。不过,由于现代科学技术的迅速发展以及电子出版物的大量涌现,这就增加了学科内容,也提高了教师和学生以组合性和再组合性形式学习学科内容的能力。

近几十年来,随着科学的迅速发展和知识量的迅速膨胀,使得学科内容在各学术领域特别是科学领域内激增,给学科内容的形式和组织带来了新的迫切需要解决的问题。IT技术一方面为解决这一问题提供了有效手段;另一方面,它自身也为课程的组织带来了新的问题,因为它的更新周期速度已经超过了课程更新周期的速度。

### (四)执行的模式

执行模式是根据惯例为灌输学科内容而向教师推荐的一套方法。它们在研究和实践中都已经具有了丰富的基础,是教师参考书中的重要内容。执行模式被认为是影响学生成绩的重要因素之一,特别是它们影响着学生的学习态度及其对学习内容的掌握。

### (五)评价

作为课程的一个整体成分,评价的重点可以是向个人提供其成绩的信息,以便引导学生向学科内容的下一个序列迈进。这样,当评价作为向个人提供最大限度的指导时,可视为执行模式和顺序的指标。评价可以从几种不同的角度进行准备。

准备结构性评价时,就要获取学生学习情况的信息,以便对学生进行筛选,或为检查学校能否很好地为国家政策服务的情况提供数据。在选择这些评价数据的过程中,评价要素能够反映出对个体学生和社会两者作用的设想和决定。因此,准备评价可以为指导学生提供直接信息,或直接为教师指明下一阶段教学活动的方向,抑或是为外界机构提供评估学校如何根据国家确立目标发挥作用的信息。评价及其对教师和学生所起的反馈和指导功能是教学大纲的重要组成部分。

## 四、课程管理

课程管理在不同的教育行政体制之下有着不同的形式。在20世纪90年代以前,我国的课程管理是教育行政领导部门的重要职能,学校与此项管理权限基本无关。20世纪90年代以后,随着教育管理体制改革的深入,学校内部的管理改革已经开始逐步渗透到课程领域。因此,课程管理已经成为各级教育行政部门和各级学校行政机构必须担负的一项重要职责。

廖哲勋先生认为,从本质上说,课程管理是在一定社会条件下有领导、有组织地协调人、物资和课程的关系,指挥课程建设与课程实施,使之达到预定目标的过程。协调人、物资和课程这三者的关系是课程管理活动的基本内容。

"人的因素"包括课程决策者、课程设计者、课程实施者以及其他的有关人员;"物的因素"是课程建设与课程实施中所必需的物质条件和物化条件,如必要的仪器设备、活动场地、图书资料、活动材料、机动经费等;"课程因素"包括各级学校的课程。

上述各种因素之间存在着复杂的联系,其主要包括:①课程决策者、设计者、实施者及其他有关人员之间的关系。②各种物质条件、物化条件之间的关系。③各级各类学校课程之间的关系。④各种课程人员与课程的关系。⑤各种物质条件与课程的关系。

在这一系列关系中,最根本的是三个因素之间的相互关系,即在一定物质条件下人与课程的关系。课程管理就是为了协调这种关系,以保证学校课程正常运转。

课程管理按照课程管理的方式可以划分为动态管理与静态管理。所谓课程的动态管理是根据社会条件的变化,对课程建设与课程实施进行的组织领导,如课程改革的研究、课程实验、课程评价等;课程的静态管理是通过制订和执行一系列有关制度对课程设计、课程实施、课程评价进行的组织领导。

我国目前对中小学课程管理实行三级负责的体制。国家教育行政机关制定国家的课程标准,其主要表现为制订国家中小学课程计划、教学大纲、中小学毕业标准及考试大纲,审定各地编写的教科书,制定全国中小学的考试制度,并对各地课程标准的实施和各种考试升学工作进行指导和检查。各级地方教育行政机关的主要工作是贯彻国家课程标准,制定地方课程标准,并负责推荐和编写地方教材和部分选修教材。学校对课程的管理主要是贯彻国家和地方课程标准,制定和实施学校课程标准,并对国家和地方课程实施的方式方法加以确定和指导。目前,学校课程的范围主要在选修课程、活动课程和环境课程领域内。

# 第二节 学校课程的设计

课程设计是指拟定一门课程的组织形式和组织结构。它既是课程研制的步骤之一,也是课程研制的结果。它决定于两种不同层次的课程编制的决策。广义的层次包括基本的价值选择,具体的层次包括技术上的安排和课程要素的实施。克莱因在《国际教育百科全书》中指出,在广义的层次上,课程设计受设计者对材料依据的选择及选中的重点材料的影响。

在历史上,有三种基本的材料依据已被人们用来作为进行课程决策的选择基础。它们是有组织的学科内容、接受课程内容的学生以及社会现实。尽管大多数研究课程的学者提倡将三种材料依据结合起来以保证课程的平衡,但有时人们只用一种材料依据而把另外两种完全排除。克莱因认为,选择哪一种材料依据作为课程决策的主要或唯一基础,基本上取决于设计者关于课程应在学生的成长中起什么作用的价值观念。在具体的层次上,决策是根据课程要素做出的。这里所说的课程要素主要指:目标、内容、学习活动、评价程序、时间、空间、环境、分组情况及教学策略。显然,对这些要素用不同的方式做出的不同的处理,就可以编出不同的课程。

课程设计的决策在很大程度上就是一种价值选择。不同的价值取向会导致不同的课程设计理论。每一种理论都有其独特的课程设计模式。如实用主义课程理论有活动课程模式;要素主义课程理论有"3R"(读、写、算)课程模式;结构主义课程理论有螺旋式课程模式等。课程设计无疑是一种理性和逻辑思考的结果。不过有学者指出,在实际中极少有纯粹的建立在理论层次上的设计,因为学校教育的现实要求变化和折中,单纯符合某种理论的理想化的课程设计是不现实的。每一种课程设计都有其独特的实际追求目标,为达到这个目标,在特定的学校环境下,总是从某种理想化模式出发,结合其他方式,经过修改与折中,最终形成某种理想模式的变式。

虽然现实的课程是错综复杂的,但是,我们还是可以根据课程设计选取的基本依据的差异做出分类。

## 一、以有组织的学科内容作为材料依据

有组织的学科内容是做出课程设计决策时最常用的一种材料依据,因为这种依据反映了人类的集体智慧,代表了人类的文化遗产。这种有组织的知识体系学科的学习是人类文明能够不断发展进步的重要保证;同时,有没有这样的知识体系,也是一个个体是否有教养的重要特征。以有组织的学科内容作为课程设计的基本材料依据,其课程设计有四种变化形式:独立学科、多学科、跨学科、综合学科。

(一)独立学科

每一学科都被看作是与其他学科互不联系的一个课程领域。如历史、地理等构成社会科学,物理、化学等构成自然科学,小学有语文、算术等。这种课程设计强调每一学科的自身逻辑组织,而不考虑学科之间的相互联系。

(二)多学科

多学科也称为相关课程,它是对几个学科进行协调学习,但仍然作为独立学科进行教学,如文学课要结合德育、历史等来讲授。人们希望借助这一方法,使学生能体验到他们所学到的知识有更大程度的一致性。

### (三)跨学科

在这种方法中,选择的题目或概念与几个学科都有关系。每一独立学科都被用来解释这一概念,并作为学习的一部分,如水的三种状态可以同时用物理学和化学来共同解释。人们认为,只有通过学习与某一概念有关的所有学科,才能对那一概念获得全面的理解。在这种设计中,学生可以在更大的程度上体验到人类知识的综合性。

### (四)综合学科

这种课程与前面三种课程相比,独立学科之间的界限更加不明显。如历史、地理、经济学和社会学在社会研究课程中结合起来。人们希望通过这种综合使学习内容更加实用。不过,人们已经普遍认识到,这种课程的缺陷之一是对学习内容的理解比较肤浅。

一般认为,学科课程设计代表了帮助学生学习文化遗产的一种系统的、高效的方式。学科的知识和内含于这些知识之中的智力过程形成了学校教育的重要基础,这种课程设计也已经有了较长的发展历史、比较成熟的方式方法和制度,但是这种课程设计的缺陷也是不容忽视的。其主要表现有:①它把传授的知识分离和肢解了,导致学习内容脱离实际,也容易忘记。②它脱离了学生生活的现实世界,学生所面临的、所关心的问题没有很好地在课程内容中得到体现。③它对学生的能力、需要、兴趣及过去的经验未能予以足够的注意,导致学生与学习内容缺乏适应性,减弱了学习动机。④由于它不是处于一种自然的学习环境之中,导致大多数学生实际上处于一种学习的低效率状态。⑤它实际是在鼓励一种被动的和有些肤浅的学习方式,认为掌握内容的广度比对内容理解的深度更为重要,结果是实现了一系列具体的狭窄目标,而忽视了更为高级的认知技能。⑥由于人类知识的迅速扩张,导致学科及其内容也迅速增加,因而也使得学生的负担日益加重。

## 二、以学生作为材料依据

以学生作为材料依据就是把学生作为占主导地位的或唯一的课程决策的材料依据。采用这种方法时,学生的需要、兴趣、能力及过去的经验被选择为课程要素决策的基础。它通过对学生的观察和研究,并与学生通过协商来选择和规划学习的方向或目的。在这种情况下,学科仅是学生根据自己的兴趣探究某些问题或者题目的一种工具。在这种课程设计中,最重要的是解决问题和解决问题的过程,而不是一系列预定的内容。这种课程虽然没有像学科课程那样有严格的计划安排,但是它也要求教师预先有较为充分的准备,以保证有必要的材料可以在教学中使用,从而使学生能够持久地参与学习过程。这是一种具有高度灵活性和个别化的课程设计。它强调教师与学生之间的密切合作,因此它对教师的要求是非常高的。这种方法之所以受到重视,是因为它可以教会学生学会学习,而这正是现代社会所强调的终身学习的一种最基本的能力。

在国际教育界比较知名的发生课程、活动课程、以经验为基础的课程等都属于这种课程类型。这种课程设计有其一系列独到的特征。其主要表现有：①对于面向所有学生的课程不存在预定的结果，因此，不管是明确表述的还是暗含的，面向全体学生的目标概念都必须加以排除。至于某个学生或某一组学生的目的可以通过师生间的协作计划来确定。②课程内容是根据学生的兴趣，并通过他们的积极参与而选定的。持有这种课程观的人认为，只有学生自己组织内容并赋予内容某些个人的意义，才会有真正的学习。在这种课程设计中，计划、范围、顺序的概念受到极度轻视，而综合性的概念居于中心地位。③由于学习材料的广泛性，教科书的作用已经降到次要地位。④学习活动由学生计划和选择，或者师生协商确定。活动虽然能帮助学生实现自己的学习目标，但是活动并不是用来达到预定的具体目标结果的。⑤对于促进学习，教师并没有特别重要的方法和策略，只是在学生需要时，教师应能以任何可能的方式在学习过程中帮助他们。⑥评价是教师和学生共同的任务，自我评价本身也是一种重要的过程。⑦分组具有高度的灵活性，且有必要时才进行分组。教学小组是以学生的共同兴趣而不是对他们的能力所做的判断为基础的。⑧时间的利用很灵活，教师没有给予明确的划分，固定的课程表是不存在或不需要的；同样，空间也是灵活的，教室是集中的中心所在，但是学习的过程需要在多种不同的空间内进行。

这类课程设计的优点是比较明显的，它主要表现为：①学习是个人化的、恰当的、有意义的。②学习的动机是内在的，并不依赖外部的奖励。这对学生来说是一个积极主动的过程。③学习的重点是发展个人的潜能和兴趣，个体之间的差异得到了充分考虑。④学生处理问题的技能得到了发展，使他们能更充分地应付生活中的各种问题。

这类课程设计的缺点也是比较明显的，其主要有：①这种设计没有为生活做充分的准备，因为它忽视了教育的社会目标和人类的文化遗产，并且，课程没有保证对所有学生有一致的学习结果。②学习活动常常没有充分地组织，一系列未经检查的经验不可能培养学生的智力或形成任何有组织的知识体系。③通常使用的学习材料对这种设计往往不适用，而积累必要的材料需要花费很大的代价。④它给教师的备课带来很大的困难，对最有经验的教师也是一个沉重的负担。⑤它可能造成升学的困难。

## 三、以社会作为材料依据

以社会作为材料依据是指以社会作为占主导地位或唯一基础的课程设计的材料依据。这种设计之所以受到人们的重视，因为它是了解和改进社会的一种途径。这种设计虽然有着明确的目标，但目标并不像在学科作为决策基础的设计中那样具有重要地位。对于学生来说，学习过程通常有明确的学习重点，但并没有预定的结果。

这类课程的内容来自社会生活。它强调的是社会的功能、社会生活的主要活动或者学生不断面临的问题。国外有学者指出，只要与研究的题目或问题有关，任何学科都可以利用。它所强调的是解决问题的技能、人际关系和社交技能，而不是掌握一系列内容。

这种课程设计是由教师和学生共同来计划如何进行活动,教师的作用介于学科设计和以学生为依据的设计之间,教师更像是一个学习过程的促进者。

课程设计的材料具有多样性,来自社区的材料和原始文献比教科书更受欢迎,评价也是学生和教师合作进行。评价集中于问题的结论和研究问题所参与的过程,或者集中于与研究问题有关的行为。

这种课程的活动空间非常广泛,时间也定得很笼统,人为的时间分配将尽可能地缩小。我国基础教育中社会活动性课程已经比较普遍,但是,往往过分地强调了计划性和规范性,对时间与空间限制得过死,反而违背了这种课程设计的本意。

这种设计的主要优点:①它强调了内容的统一性、实用性及学生和社会间的适应性。②它强调了各个不同学科的综合性应用。③它调动了学生学习的主动性和强烈的内在动机。④它有助于社会的改进。

这种设计也存在着一些缺点:①由于课程的范围和顺序没有明确的规定,这可能导致学生对内容的学习是肤浅的,并且学习内容的统一性也会受到影响。②学习中可能会强调将现存的条件灌输给学生,从而使他们准备适应现状而不是去改进社会。③因为这种方法缺乏有组织的内容,可能对文化遗产的体现不够充分。④常常会出现教师或材料准备不足的情况。

## 四、其他课程设计

克莱因指出,目前有两种课程设计得到提倡,即具体能力的设计和过程技能的设计。它们看起来好像是传统的课程设计的发展或结合,并打乱了上述课程设计的三个基础理论。此外还有第三种受到提倡的设计,它类似于以学生为基础的设计,但限定得没有那么明确。第四种是核心课程,这种设计早已有,但其独特性不是十分明显。

能力设计法用于确定学生需要学习什么时,强调具体的行为目标。目标可以来自任何材料依据。虽然,通常技能的学习得到了充分的强调,但是,学生情感领域的发展却被忽视了。在这种设计中,行为目标清楚地表明,学生要能在社会中充分地发挥作用,他就必须具有一定的能力。对于各个课程要素的处理,也可能像在独立学科设计中对课程要素的处理一样,这里不再赘述。

过程技能的设计方法是强调不以具体学科为转移的过程,课程内容被认为是对现实生活有最大迁移的过程,而不是探究一门学科的基础。人类行为的情感领域和人的发展受到高度重视。价值观念的澄清、学习过程的基本技能(终身学习的关键)以及解决问题的技能是这种课程设计的应用例子。它对具体课程要素的决策可能类似于以学生作为基本依据的课程设计。第三种课程设计产生了新的依据,就是人文主义的观点。从某种程度上讲,这种课程是不满足于建立在工业和技术模式上的学校教育(这在独立学科设计中得到最充分的体现)的一种反映。

虽然它在具体的设计上进展有限,但与以独立学科和社会为依据的设计相比,这种设计无疑更接近于以学生为依据的设计。

核心课程最本质的特征在于,所有学生都要完成共同的所谓核心内容的学习,在管理组织方面,有充分的时间对选择的学习内容进行学习。除了这两个基本点之外,核心课程可以具有上述三种基本设计的任何特征。

课程的设计必须是一个经过深思熟虑的决策过程,不能有任何的疏忽和遗漏,所选择的设计要与课程的目的或作用相适合。设计一旦确定下来,对课程要素的处理就要与这种设计保持相当的一致性,对目标和评价的决策要与对材料和活动的决策一致。如果达不到这种一致性,设计就会存在缺陷,课程对学生的影响就会降低。因此,课程的设计与学校教育的资源、师范教育的课程类型及管理的机制有着重要的关系。

学校的课程设计不是固定不变的,创造性和适应性必须成为现有的和正在发展中的课程设计的本质特点。

在一所学校内,各种课程设计之间需要有一种平衡。对一所学校的全部课程来说,任何单一类型的设计都是不够的。每种设计都有其优点,也都有其不足之处,这可以通过向学生提供其他的课程设计得到弥补,没有必要把所有课程的设计限制在一种形式之内。学校面临的一个重要挑战是,如何根据学校教育的实际选择和搭配多种不同的课程设计,形成科学实用的学校课程体系。

## 第三节 课程设计方法创新

沙布尔·拉塞克和乔治·维迪努应联合国教科文组织的要求撰写了《从现在到2000年教育内容发展的全球展望》一书,在这本著名的著作中,他们较全面地分析和展望了未来的教育发展情况。在这种认识基础之上,他们提出了一个教学计划的方法论框架作为总的结论。他们认为,这个方法论框架不是一种模式,而是一份供课程设计者使用的备忘录或参考。

他们指出,关于未来学校教育内容的特点,在可望达到的东西和可以预测的东西之间,或者说在规范性建议的研究与在各国推行的计划之间,尽管不是完全一致的,但差距已经不大。在自然科学方面这种一致性就更明显了。因此,人们强调建立一套多方面内容的必要性,这种必要性是由教育内容来源的增多和各种各样难以预料的变化决定的。

### 一、基础科学或自然科学方面

人们首先应能够记住的一系列特点或一般性建议:

(1)虽然科学的最新成就不能对学校教育的课程产生立即影响,但是,一般教育内容应该反映科学的继续发展。

(2)在列举日常生活中的事例的时候,应该更广泛地使用概率的概念。

(3)教育计划应该包括对通信理论的简单介绍,即讲讲通信渠道、信息的二进位制、信带的宽度等方面的知识,这些知识对于社会人文科学的学习也是有用的。

(4)理科的教学应该同时说明应用自然科学成果所带来的好处和危险。

(5)能源与环境问题以及在各个部门或研究中应用计算机技术,都将通过对基础科学的影响而对教育内容产生深刻的影响。

(6)理科的教育应该更重视实验工作、实际工作和在实际生活中的应用,如气象预报、交通和事故、某些疾病的演变和发生频率等。

(7)逻辑学的基础知识传授能够促进和简化理科的学习;这类知识也可以包括一些关于当代科学方法论的信息。公式化的倾向应该被一种问题化的教学(它强调各种选择的可能性和科学提供的各种解决办法的实际价值)所取代。

(8)应该培养把某种学科的要领与方法转移到另一种学科之中去的能力。

## 二、社会科学与人文科学方面

专家们不断强调科学的教育功能。它所引起的作用主要体现在如下几个方面:民主的维持与发展、建立在真诚与大度基础上的健康的国际合作的发展、文化的弘扬和反对暴力与恐怖主义的斗争等。

(1)社会科学告诉我们,文明是合作的产物,几乎所有民族都为之做过贡献;文明是一份要加以保卫和发展的遗产,这是我们的遗产和共同债务。

(2)在未来的社会里,道德标准在社会生活将发挥更重要的作用。

(3)学习在社会与人文科学尤其应当个性化;在学习与教务灌输之间做出至关重要的区分是教师责无旁贷的义务。

(4)通过某种直接方法(心理学、社会学等)或间接方法(历史、文学、哲学等)获得的关于人和社会的知识,是每个受过义务教育的人都不可缺少的。

(5)特殊的智力、非凡的才能应该得到鼓励,以便敞开发展通道,教育应力求缩小交流能力方面的差异。

## 三、美学方面

我们注意到各科艺术之间的联系在增多,今后有可能出现具有跨学科或超学科性质的美学教育。各项实验研究表明,所有的学生都能够参加有创造性的活动,他们的艺术才能早在进入母校之前就表现出来。忽视这种教导便是忽视人类精神的一个基本的组成部分。

大部分有关未来教育或未来教育内容的研究都不无道理地停留在教育的目的或一般目标的问题上。一种课程计划的可靠与否,要视社会文化和学校的具体情况、重点及千差万别的财政上和教育学上的能力而定,但是课程(学校教育的时间表和计划)的制订者、学校的领导人和教师的工作并不仅限于分析新内容的来源,他们还得根据每个国家和每个学校许许多多的特殊情况组织教与学的过程,必须考虑千差万别的社会文化、人口和经济现实以及由这些现实所造成的局限与障碍。首先应当看到的是,学校的学习是在一个多少有些僵硬的制度框架中进行的:①每周五至六天、每天五至六个小时的在校学习时间表。②只为一班学生准备的教育,或者一天内分上、下午由两班学生占用(有的晚上还要上晚课)的教室。③教学的不同层次(学龄前、小学、中学和大学)之间灵活而有效的连接,或有碍于实施新的教育内容、原则和学习方法的隔阂。④教师周教学任务得到合理的安排或因校外任务、考试和竞赛及课外辅导而超过了正常负荷。⑤按单科方式或按有利于实行跨学科的方式培训的教师。

# 第五章　人力资源管理

## 第一节　学校人力资源管理的基本概念

### 一、学校人力资源的内涵与特征

#### (一)学校人力资源的内涵

资源是人类社会存在和发展的前提,也是学校存在和发展的基础。资源这一概念,从经济学的角度来看,是指用于创造财富而投入于生产和管理活动的一切要素;从教育的角度来看,是指教育可利用的资源;从管理学的角度来看,是指进入管理活动领域并与管理主体发生功能联系的实体设备、资本、技术和人力等要素。就学校管理资源而言,主要有六种类型:实体设备资源、财力资源、信息资源、时间资源、技术资源和人力资源,这是学校管理活动不可缺少的基本要素。学校管理,实质上就是对其所拥有的各种资源进行科学合理的配置,使之产生优化高效的管理结果。在学校管理的各种资源中,人力资源是学校更具竞争力的资源,也是学校开发与管理的核心。如何理解人力资源的概念?下面就让我们对其由来和发展做简要梳理。

早在1776年,亚当·斯密在其所著的《国富论》中就对其有了一定程度的认识,他认为,一个国家全体居民的所有后来获得的有用能力是资本的重要组成部分。20世纪50年代后期,美国芝加哥大学教授、诺贝尔奖获得者西奥多·舒尔茨于1960年出版了《人力资本的投资》,此后,芝加哥大学的教授加里·贝克尔又于1964年发表了代表作《人力资本:特别是关于教育理论与经济的分析》,至此,他们两人共同创立了人力资本理论。他们认为,人力是经济发展和社会进步的决定性因素,有技能的人力资源是一切生产资源中最重要的资源。因此,人力资本作为一种生产能力已经远远超过了其他形态资本的生产能力的总和。

后来,英国经济学家哈比森就人力资源的重要性曾发表了这样的观点:"人力资源是国民财富的最终基础。资本和自然资源是被动的生产因素。人是积累资本,开发自然资源,建立社会、经济和社会组织并推动国家向前发展的主动力。显而易见,一个国家如果不能发展人民的技能和知识,就不能发展任何别的东西。"管理学家马斯·彼得斯也指出,企业或事业唯一真正的资源是人,管理就是充分开发人力资源以做好工作。

至于何谓人力资源,目前人们对其含义的界定却是各不相同。一般来说,无外乎从广义和狭义两个层面来界定。就其广义而言,人力资源是指现在和未来一切可能成为生产性要素的人口,包括现实的人力资源、潜在的人力资源和未来的人力资源。就其狭义言之,或以为人力资源是推动整个社会和经济发展的具有智力和体力劳动能力的人口的总和;或以为人力资源是一个国家或地区乃至一个组织能够作为生产性要素投入社会经济活动所需要的劳动力人口的数量和质量;或以为人力资源是一切具有为社会创造物质文化财富、为社会提供劳务和服务之能力的人;或以为人力资源是更好地发挥人的潜能,更好地提高员工的工作生活质量等。

尽管以上界定都有不同的侧重,但就总的情况来看,主要有三个基本的方面:①能推动社会经济发展的人口,包括劳动力和非劳动力。②以一定的组织(一般以国家、地区、部门或单位)来划分。③人力资源最基本的层面是个体,是具有生命力的个人。

基于以上对一般的人力资源的考察,学校人力资源也就基本上可以做出这样的界定:学校人力资源是指进入学校管理活动领域的并与学校管理者发生功能联系、产生互动作用的具有智力劳动和体力劳动能力的个体人的总和。

(二)学校人力资源的特征

学校人力资源在学校管理活动当中具有不同于其他资源的十分特殊的重要地位,这是由学校人力资源本身所具有的特点决定的。

1. 学校人力资源具有生命性

人是具有生物学意义上的生命性资源,是一种生命成长的最有价值的财富,是一种活的资源。人有一个由生长、成熟到衰老的过程,有自己的生活体验,有对生命的体验。他们不同于其他资源的最大之处就在于人有生命周期、生命潜力、生命发展和生命衰老。因此,要维持和发展人的生命活力,就要持续不断地投资人力资源,增强其体力,促进其智力、能力发展,改善其态度,维持和提升人的生命价值。

2. 学校人力资源具有能动性

人是具有思想和意识的,具有自觉能动性。这种自觉能动性:一是表现在人的主导作用上。其具体可表现在人对其他的东西的组合、重构和改造上;二是表现在自控作用上。人可以根据学校的目标、组织的规范以及社会的要求进行自我约束、自我控制;三是表现在创造作用上。人可以认识和改造世界,能创造出各种各样的人间奇迹,这是任何其他的东西都不可能做到的;四是表现在选择作用上。如对于学校管理者的指令,学校中的人可以做出反应,也可以不做出反应,对于来自外部的信息,可以做出选择性的接受,对自己的行为,可以进行自主性调节和自我管理。

3. 学校人力资源具有动态性

学校的人力资源不是一成不变的,它是随时间的变化而变化的,是一种流动性的资源,例如,每年都有教职工退休,有人才引进,有学生毕业,也有新生进校。它一直处于不断变化的过程之中,如果没有这种动态的变化,学校也就失去了自身应有的活力。

4. 学校人力资源具有智能性

学校人力资源的智能性是指人的器官可以得到延伸。人可以通过教育培训和实际锻炼使自己的智能得到提高、作用得到发挥,使自己的四肢、五官的作用得以延伸。

5. 学校人力资源具有社会性

马克思指出,就其现实性来说,人是一切社会关系的总和。学校中的人的劳动是一种群体性的劳动,是一种协作性的社会活动。其中每一个人的活动都不可避免地要和其他人发生关系,和一定的社会环境发生联系。

6. 学校人力资源具有增值性

学校人力资源的增值性:一是表现在使用上。只有使用才能增值,如果人力资源闲置不用,不但不能增值,反而是一种浪费,因为人力资源的价值和特性就在于应用;二是学校人力资源在其产生的价值和收益的份额上远远超过其他物化资源。联合国开发计划署认为:一个国家国民生产总值的四分之三是靠人力资源,四分之一是靠资本设备。学校人力资源在学校中的贡献率更是如此。尽管人力资源和其他资源一样,在使用中可能引起损耗,但人力资源却能在使用中实现自我补偿、自我更新和自我发展。

## 二、学校管理的生命活力是持续不断地开发人力资源

学校管理就其实质意义来说,就是持续不断地开发人力资源。这既是学校管理本身的职能要求,也是学校生命活力所在。在 20 世纪 80 年代以前,人事管理是人们最习惯和最熟悉的概念;进入 20 世纪 90 年代,人力资源开发就成了一个非常流行的新概念,并成了各级管理者显示自己跟进管理新潮流的口头禅。那么,究竟什么是人力资源开发,它与人事管理有什么联系和区别?下边就让我们做简单的辨析。

有关人力资源开发的理解,目前不少人都把它与人力资源培训、人力资源教育、人力资源发展视为同一含义。如张志鸿在其参与主编的《现代培训理论与实践》一书中认为,"人力资源的开发与培训在很大程度上没有什么大的区别",并据此为培训做了这样的定义:由组织提供的有计划、有组织的教育与学习,旨在改进工作人员的知识、技能、工作态度和行为,从而使其发挥更大的潜力以提高工作质量,最终实现良好组织效能的活动;另外,他还认为,"人力资源的培训与发展是一个含义,泛指通过工作人员的学习,以增强员工的能力,或是改变员工的态度,或是增加其知识和技能,以期改变员工现在或将来的工作表现"。李仕模编著的《第五代管理》一书认为,人力资源开发主要包含以下内容:在职培养、半脱产或脱产进修、攻关、咨询、坚持以自学为主、引进人才。美国知识管理专家达尔·尼夫在其所著的《知

识经济》一书中,把人力资源开发界定为"组织的以工作为基础的培训"。他认为,以工作为基础的培训比以学校为基础的培训更加有效;他还认为,这种以工作为基础的培训包括:员工同事互相培训、轮岗、技能工资、正式或非正式群体、建议制度、有效实践经验的积累以及政府政策等方面。

综合以上的观点,我们认为,人力资源发展、人力资源培训、人力资源教育和人力资源开发虽然有许多相同之处,但毕竟并不是同一含义的概念;虽然他们都把教育、学习和培训放到了突出的地位,概括了人力资源以培训而发展的主要特征,但教育、学习和培训并非人力资源开发的全部。人力资源开发不仅包括组织内开发的具体途径,还包括外部政府人力资源开发的政策;不仅包括以工作为基础的培训学习、人力资源个体的开发,还包括人力资源群体的有效配置及各种激励措施、人力资源开发的环境和运作机制等。

因此,人力资源开发是一个比人力资源教育、人力资源培训、人力资源发展内涵更为宽泛的概念。根据这一理解,我们还可以概括出人力资源开发的以下主要特点:①综合性。人力资源开发要综合考虑社会、经济、政治、文化、教育、心理、民族、组织等多种因素,在人力资源的开发过程中也渗透着多门学科的知识,需要多门学科的综合性知识理论作为指导。②实践性。人力资源源于人力资源开发的实践经验并上升为人力资源开发的理论。这种源于人力资源开发实践经验的理论又为新一轮的人力资源开发提供理论指导,并不断推进人力资源开发的实践活动。③本土性。一方面,人力资源开发受到本民族、本地区文化传统的影响和制约;另一方面,人力资源开发又要立足于本民族、本地区的实际,借鉴其他民族、地区人力资源开发的先进经验。如我们在人力资源开发过程中,要充分认识到我国的历史文化传统、人的思维方式和行为模式,认识到中西方在人力资源开发方面的价值观念、开发目标、开发的体制乃至方式方法的差异,不能照搬照套西方国家的做法;与此同时,我们还要从自身实际情况出发,广泛吸收世界各国或地区的先进的人力资源开发经验,更好地推进我们的人力资源开发活动。这就是人力资源开发本土性的要求。④社会性。任何组织的人力资源开发都是社会人力资源开发系统的有机组成部分。一方面,某一组织的人力资源开发要纳入整个社会人力资源开发的构架之中;另一方面,某一组织的人力资源开发本身也会给社会的人力资源开发带来重大的变革性影响。在当前市场经济体制下,人力资源开发的社会性特征就显得更为明显。

作为特定组织的学校,其人力资源开发的含义是什么?鉴于以上的理解和分析,我们认为,它指的是以政策为导向、以学习为基础、以创新为动力,持续不断地增强学校成员的能力,改变其工作态度,形成群体合力,促进全体成员个体全面发展,提高学校整体效能的管理活动。

学校是以培养人为己任的,学校的生存与发展都离不开充满生命活力的主体的人。同样,学校的发展也是以人为其核心支撑的,而人又是有思维、有潜能、有创造力的,是一种能动的活资源,学校的发展有赖于人力资源的整体而有效的开发。人力资源个体是否得到开发,学校人力资源整体开发到什么程度,不仅直接影响到人的个体全面和谐发展的状态和水平,而且也影响到学校整体效能的大小和学校未来的发展状况。因此,学校的核心任务就是持续不断地开发人力资源,这是学校增强生命活力关键之所在。

## 第二节 学校人力资源的开发管理

### 一、经济社会的发展呼唤学校人力资源开发管理

人类社会在继农业经济社会、工业经济社会之后,将进入一个什么样的经济社会?人们曾对此作过多视角的研究。

20世纪70—90年代,西方一些未来学家、社会学家、经济学家就曾先后有过"电子技术时代""后工业社会""超工业社会""信息经济""高技术经济""智力经济"等多种说法。世界经济合作与发展组织(Organization for Economic Co-operation and Development,OECD)在《科学技术和产业发展展望》的报告中,称这种新的经济形态为"以知识为基础的经济",简称"知识经济",即基于知识的经济,是建立在知识的生产、分配、使用基础上的经济。"当今世界,科学技术突飞猛进,知识经济已见端倪,国力竞争日趋激烈。"也就是说,当前我们已迈进知识经济的门槛。

知识经济作为一种新的经济形态,与以土地、劳力为主要资源的农业经济和以资本、自然资源为特征的工业经济相比,具有如下主要特征:一是生产力要素以无限性、快捷性和波及性的知识为基础。所有财富的核心都是"知识",任何其他生产要素都必须靠独特的生产要素——知识来更新、来武装。二是信息技术得到广泛的普及和应用。托夫勒在《力量转移》中指出,今后创造财富的新体系将完全依靠数据、概念、符号和表象的即时传播和散布,信息技术使知识经济成为一种名副其实的超符号化经济。信息技术打破了人们原有的时空限制,可以通过网络,通过虚拟现实,大大提高人们学习的机会和效率,减少学习的时间和成本。三是全球一体化的跨组织联系。传统的封闭式的壁垒被打破,全球一体化的趋势在加强。四是持续和自主的创新。知识经济时代的经济效益提高主要取决于持续自主创新知识的贡献率。五是管理模式的柔性化和无形化。这是通过无形化的文化支撑和高情感的柔性化管理来形成一种自我约束、自我规范、自我发展的动力机制。六是"和合"的可持续发展。一方面指人与自然、社会的和谐,另一方面指人与人之间的合作。这是横向要素协调和纵向层层递进的可持续性发展。

从以上所分析的主要特征来看,其最终都十分明显地集中在人力资源的开发管理上,因此,大力开发人力资源、科学合理地管理人力资源是我国迎接知识经济挑战的必然要求,也是对以人力资源开发为主要任务的学校发出的强烈呼唤。

## 二、教育改革的不断深化赋予学校人力资源开发的时代使命

1999 年印发的《中共中央国务院关于深化教育改革,全面推进素质教育的决定》中对学校内部提出了以下改革要求:人才要求、课程改革、课堂教学改革、评价体系改革。

(一)人才要求

一是要建设一支个体素质较高、群体结构合理、富有创新精神并各具特色的教师队伍和管理人员队伍;二是要以德育为核心,以创新精神和实践能力为重点,提高学生的整体素质水平。其具体来说有以下五个方面的要求:

①基础性学力、发展性学力(自我学习、自己发展自己的学习能力,即学会向书本、向实践学习的能力)和创造性学力(创新精神和创造性学习的能力)的统一。②科学素养与人文素养的统一,既要掌握科学的真理性知识原理,学会运用科学知识,又要重视具有价值选择的人文素养。③基本要求与个性特长发展的统一既要有全国统一的标准,又要重视个性特长的发展。④智力因素与非智力因素的统一,既要发展学生的智力,又要发展学生的情商。⑤自主与责任的统一,既要注重主体精神的培养,又要强化责任意识。

(二)课程改革

①要有时代性:课程内容要跟上当代科技、经济、文化发展的要求。②要有综合性:课程要打破学科界限,实现课程的学科综合。③要有探索性:课程设计要注重探索性学习,而不是只重结论的学习。④要有人文性:思想、情感、态度、价值观等内容要在各门课程中渗透。⑤要有个别性:课程要增加学生选择的自主权。⑥要有实用性:课程要与社会实践结合,培养学生的实践能力。

(三)课堂教学改革

①制订人才培养目标。②教学过程中正确处理各种关系,特别是作为核心的师生关系。③教学方法要做到具有多样性和互补性,教学技术手段要做到具有现代性。④培养机制要有利于激发教与学双方的积极性。⑤培养措施要做到因材施教。

(四)评价体系改革

评价体系改革就是要准确地理解教育质量是满足社会需要和促进学生个体身心发展需要的统一,要从教育的可持续发展和促进充满活力的教育发展的要求出发,实施诊断性、激励性的教育评价。

以上改革的主要内容无论是人才要求,还是课程、课堂教学和评价体系的改革,都离不

开人力资源的开发。因此,落实第三次全国教育工作会议精神,深入进行教育改革,必须大力开发学校教育的人力资源,这是深入进行教育改革、全面推进素质教育所赋予的时代使命。

2010年7月,第四次全国教育工作会议在北京人民大会堂召开,这是中国进入21世纪之后首次召开的全国性教育大会,会议围绕着由中共中央政治局会议审议通过的《国家中长期教育改革和发展规划纲要(2010-2020年)》展开。会议就推动教育事业科学发展提出五项要求:一是必须优先发展教育。在党和国家工作全局中必须始终把教育摆在优先发展的战略地位,切实保证经济社会发展规划优先安排教育发展、财政资金优先保障教育投入、公共资源优先满足教育和人力资源开发需要,健全以政府投入为主、多渠道筹集教育经费的体制,大幅度增加教育投入,统筹推进各级各类教育,积极推动建设覆盖城乡的基本公共教育服务体系,逐步实现基本公共教育服务均等化。二是必须坚持以人为本。坚持以人为本、全面实施素质教育是教育改革和发展的战略主题,是贯彻党的教育方针的时代要求,核心是解决好培养什么人、怎样培养人的重大问题,重点是面向全体学生、促进学生全面发展,着力提高学生服务国家服务人民的社会责任感、勇于探索的创新精神、善于解决问题的实践能力,引导学生形成正确的世界观、人生观、价值观,坚定学生对中国共产党领导、社会主义制度的信念和信心。三是必须坚持改革创新。创新人才培养模式,深化办学体制改革,深化教育管理体制改革,加强教育国际交流合作,进一步消除制约教育发展和创新体制机制的障碍,全面形成与社会主义市场经济体制和全面建设小康社会目标相适应的充满活力、富有效率、更加开放、有利于科学发展的教育体制机制。四是必须促进教育公平。坚持教育的公益性和普惠性,把促进公平作为国家基本教育政策,保障公民依法享有受教育的权利,重点是促进义务教育均衡发展和扶持困难群众,着力促进公共教育资源配置公平,加快缩小城乡、区域教育发展差距。五是必须重视教育质量。树立以提高质量为核心的教育发展观,建立以提高教育质量为导向的管理制度和工作机制,坚持规模和质量的统一,注重教育内涵发展,鼓励学校办出特色、办出水平和出名师、育英才。

优先发展教育事业。建设教育强国是中华民族伟大复兴的基础工程,必须把教育事业放在优先位置,深化教育改革,加快教育现代化,办好人民满意的教育。要全面贯彻党的教育方针,落实立德树人根本任务,发展素质教育,推进教育公平,培养德、智、体、美全面发展的社会主义建设者和接班人。

九年义务教育巩固率达93.4%,"有学上"的需求已经得到基本满足,人民群众对"上好学"的需求还比较迫切,优质教育资源还存在分布不均衡的问题。在这样的时代背景下,对教育公平与质量必须重新加以认识。要站在新的历史起点上,面向"两个一百年"奋斗目标,使教育朝着公平而有质量的方向坚定迈进,为开创一个伟大的新时代贡献力量。

## 三、学校人力资源开发管理的趋势

(一) 人事制度改革的四个阶段

新中国成立后,学校人事制度改革经历了风风雨雨,付出了巨大的艰辛,走过了曲折的路程,取得了丰硕的成果。在这改革的进程中,大体可分为几个阶段:

(1) 新中国成立初期。这个时期是学校人事制度形成时期。此间,在学校确立了人事管理的职能,建立了接收、录用、调配、培训、奖惩、考核、工资、福利、退职、退休等高度集中、隶属性很强的学校人事制度。

(2) 1986—1992年。这个时期是学校人事制度改革的深化时期。按照党的"十三大"关于干部人事制度分类管理改革的要求,学校实行了区别于公务员的人事管理制度,开始实行考试招聘校长。

(3) 1992年至今。这个时期是学校人事制度进入人力资源开发管理的时期,学校试行职员制、教师聘用合同制、人才流动制。"十五大"第一次提出"人力资源"的概念,中央颁布了干部人事制度改革纲要,建立了一套有利于激励人力资源开发管理的制度,使学校人事工作的重心开始由人事管理向人力资源开发管理转移。

(二) 三个特点

(1) 学校人力资源开发管理的层次进一步加深。学校人力资源开发管理不仅仅是传统的人事制度意义上的招聘、任用、工资、奖惩、退职等,而且还是人力资源的持续学习力和创造力的深层次的开发管理。

(2) 学校人力资源开发管理的步伐加快。从提出人力资源的概念,到目前已形成一种现代管理理念,学校人力资源开发管理已在学校成为广泛的共识并得以全面推进,其进度和步伐都在加快。

(3) 学校人力资源开发管理的力度加大。学校人力资源开发管理的力度由体制层面向机制层面、由表层向深层、由外部向内部、由格局向利益逐步加大。

(三) 三个转变

(1) 学校人力资源开发管理由人治管理向法治管理转变。全国人大、国务院及教育部先后颁布了《中华人民共和国教育法》《中华人民共和国教师法》《关于中小学教师培训的规定》《关于中小学校长培训的规定》等法律法规,以法规手段规范学校的人力资源开发管理。

(2) 学校人力资源开发管理由教育行政部门集中管理向学校自主管理转变。随着学校内部管理体制改革的进一步深化,学校作为独立的法人,拥有人力资源开发管理的决策、计划等权利。

(3) 学校人力资源开发管理由传统型开发管理向创新型开发管理转变。学校人力资源开发管理不能仅仅停留在一般的招聘、任用、奖惩上,而是要在人力资源开发管理的内容、机制、手段等方面不断创新,逐步向用人机制的市场化、职称评聘的社会化、收入分配的多样化、培训学习的终身化方向转变。

## 四、学校人力资源开发管理的目标

学校人力资源是学校内部的活资源,学校人力资源开发是学校管理的一项重要职能。学校作为一个由特殊的社会群体组成、具有人力高度密集特征的组织,如何确定学校人力资源开发管理的目标,实施学校人力资源战略性开发管理,已成为当代学校管理的重要研究领域。学校人力资源开发管理作为学校行政管理的一项职能,是在一般人事职能产生之后出现的。20世纪初,由于科学管理的出现,效率便成为学校工作的出发点和根本归宿。这种以机构和员工效率为中心的管理促进了学校人事职能的发展。20世纪30—40年代,人际关系和行为科学理论学派研究了员工态度对效率的影响,此后,科学管理的效率和行为,科学的员工态度便成了学校人事管理的目标。随着学校一般人事行政管理职能向学校人力资源开发管理职能的转变,学校人力资源开发的目标也就超越了传统的人事行政管理的目标,具有了更为丰富的内涵。

### (一)提升学校人力资源的贡献率

学校管理一个永恒的目标追求就是用最少的资源或用有限的资源获得更大的效率产出。在追求效率的过程中,经济学界先后出现过投入产出效率、资源配置效率等不同的概念。人力资源开发管理同样有一个如何提高投入产出比率以及如何提升贡献率的问题。人力资源开发管理的这一目标指向,一般来说包含两个层次的含义:一是降低人力资源的投入成本,增加人力资源投入的收益,实现学校管理效益最大化;二是科学合理地进行人力资源开发管理,促进人力资源价值实现,最终实现学校的组织目标。

多年来,在学校人力资源的开发管理上,学校一方面缺乏人力资源调配的自主权;另一方面只关注学校人力成本,如人力资源获取、人力资源开发、人力资源使用、人力资源保障等各项成本,而未能把学校的员工看作是学校的教育生产力,并在管理改革中解放和发展学校的教育生产力,发挥其在学校发展中的巨大的推动功能,以至于学校人力资源长期在低效率状态下运行。其具体表现在:教学人员和非教学人员结构比例失调,造成学校人力资源结构性效率低;学校用于提升人力资源质量的培训教育投入与产出的效益整体水平还不高;学校人员的劳动报酬、奖励等更多的还是一种保健性因素,而非激励性因素,以致造成维持性成本相对过高等。要解决以上人力资源开发管理的成本和价值实现问题,教育行政部门必须还权于学校,实现用人机制的市场化和自主化、分配机制的多样化、教师职称评聘的社会化、人才开发的学习化、培训教育的创新化。

(1) 用人机制的市场化和自主化。用人机制的市场化和自主化,即学校人力资源开发管理要充分发挥人才市场在学校人力资源配置过程中的基础作用,变人员的单位所有为社会所有,打破地域和专业界限,按照学校的编制、岗位和工作需要,通过考试、竞争、聘用等方法,自主获取高质量的人力资源。

(2) 分配机制的多样化。分配机制的多样化,即根据劳动量的投入、岗位的重要程度、贡献和业绩的大小等因素来确定每个人的收入水平,由按劳分配转变为按劳分配和按生产要素分配相结合的多样化分配。

(3) 教师职称评聘的社会化。教师职称的评、聘,由于采取教育行政部门下达计划指标、层层过关评审的做法,使得开发管理成本加大;另外,评、聘又没完全分开,使得一些人评上职称,聘为某一职务后,又会在一个时期内动力强度下降,贡献率不高。实行教师职称评定的社会化,做到评、聘分开,可以加大竞争力度,保持人员的持久发展动力。

(4) 人才开发的学习化。学习化已经成为当今社会发展的新潮流,通过学习可以开发人才的潜能,提供智慧能源。特别是在学校面临信息化社会到来所带来的各种挑战的时候,如果不持续地进行学习,不进行人才的深度开发,学校发展就没有持续的发展动力。

(5) 培训教育的创新化。培训教育的创新化,就是要适应学习化的人才开发趋势,致力于提升人力资源质量的培训教育,在内容、模式、途径、方法等方面要不断地创新,实现由过去的学科中心培训教育向人的发展中心和问题研究中心的培训教育转变。

## (二) 提高教职工的整体素质和水平

学校人力资源开发管理的又一个重要目标,就是提高以教书育人、管理育人、服务育人为己任的教职工的素质,特别是校长和教师的素质;提升其以多种方法和技术运用能力、组织群体学习能力和共同分享能力为主要内容的核心能力。《中共中央国务院关于深化教育改革全面推进素质教育的决定》中就校长和教师队伍建设及其素质提高问题用了大量篇幅进行了深刻的阐述,特别强调建设高质量的教师队伍是全面推进素质教育的基本保证,明确提出要开展以培训全体教师为目标、骨干教师为重点的继续教育。通过建立优化教师队伍的有效机制和合理配置教师资源,使教师队伍整体素质明显提高,特别是把带领广大教师和教育工作者积极实施素质教育的校长和管理干部队伍的开发管理摆到了突出位置,以此使其在学校推进素质教育中发挥自己的特殊作用。

## (三) 提高人力资源的参与程度和水平

现代学校管理的一个重要特点就是要不断增强人力资源的参与意识,提高其参与的程度和参与的水平。学校管理是学校组织中人力资源的群体互动、主体参与、协调一致地实现组织目标的过程。《中华人民共和国教育法》明确规定中小学校实行校长负责制,而校长负责制的具体内涵又包括校长全面负责、党支部保证监督、教职工民主参与管理。由此可见,学校人力资源参与程度和整体参与水平是实现学校组织目标的前提条件,因为参与可以增强人力资源的主体能动作用、自我调节作用和资源组合放大作用。要提高学校人力资源的参与程度和水平:一是要尊重教职工的知情权;二是要增强其参与意识;三是要提供参与的条件和机会;四是要提高参与的能力和水平。通过人力资源的积极参与,可以满足其自身价值的实现,增强其满意程度,焕发其主体精神,放大其自励效果,进而实现人力资源开发管理的又一重要目标。

(四)有效地实施学校素质教育

学校人力资源开发的终极目标是实现学生素质的整体提高和可持续发展。学校管理质量的高低,学校人力资源开发管理的程度和水平,最终都是以学校培养的学生的数量、质量和素质为检验的尺度和标准。学校培养学生的素质的质量标准是什么?尽管人们可以有多种不同的理解和具体划分,但就总体上来说,可有个体标准和群体标准,可有道德标准、知识标准、能力标准和身心标准等。根据第三次全国教育工作会议对学生素质的个体和群体的整合,大体上可以归结为五个基本方面:一是全体学生都在原有基础上得到发展;二是每个学生的德、智、体、美等诸方面都得到发展;三是学生的主动活泼的发展;四是学生个性的充分发展;五是学生的可持续发展。要达到此目标,全面而有效地实施真正意义上的素质教育,就要实施以人力资源开发管理为核心的全面质量管理。

(五)推进学校组织的改革创新

当前,学校正面对一个急剧变化的经济社会环境,而这种环境的变化,一方面,要求学校进行适应性改革和创新,以增强学校组织自身的应变力;另一方面,要求改变学校组织内部成员的态度、作风和行为,使之适应学校组织目前和长远发展的需要。学校组织自身的改革和创新的成功,在很大程度上取决于学校人力资源的开发管理。之所以这样说,是因为在学校组织的改革创新过程中,往往会有三种不同类型的力场在起着不同的作用:一是驱动力、二是约束力、三是抗拒力。然而,改革创新的成功在很大程度上取决于学校改革约束力的减少和抗拒力的化解,而人力资源开发管理正是承担了这一角色,发挥着推动学校组织变革的重要作用。

以上是学校人力资源开发管理的主要目标,当然这些目标并非完全分离、互不关联,而是一个有机联系、整合一致的体系,其最终目标是在控制人力资源管理成本、维持学校人力资源的基础上,通过深度开发管理,提升学校人力资源品位,全面推进素质教育,促进学校的可持续发展。

## 六、学校人力资源开发管理的内容

关于学校人力资源开发管理的内容,我们可以从静态的职能角度分析其要素内容,可以从动态的过程角度分析其环节内容,也可以从学校人力资源开发管理的演进历史角度分析其变化内容。在这里所涉及的学校人力资源开发管理的内容是从综合的视角,并就当前引人关注的一些重点内容进行探讨和分析的。

(一)学校人力资源开发管理的战略规划

学校人力资源是以育人为根本任务且专业性很强的特殊资源。学校人力资源不仅对其所作用的对象——学生的成长有一个全面的要求和长期的过程,而且它自身的发展过程也要经过一个较长的时间,在发展过程中也会遇到诸多方面的干扰和影响。因此,学校人力资源开发管理必须从战略的思考和发展的视角做出科学合理的目标定位,设计出战略性人力资源开发管理规划。其具体来说有以下两个方面:①根据学校的发展定位、规模和任务,确定学校人员编制和岗位职数,并根据人员变动比率和变动人数,制定出具有超前性和一定弹性的学校人力资源开发管理规划。②按照学校人力资源开发管理规划,拟定实施计划。其操作过程包括:一是学校人力资源现状分析。包括人力资源的数量、结构和水平,人力资源开发的程度和管理的效度。二是学校人力资源的需求分析。根据学校发展的目标定位对学校人力资源在类型、数量、质量及时段上的需求做出分析。三是制定学校人力资源开发的行动方案。该行动方案一般包括教职工的录用聘任、人力资源的培训教育、人力资源开发管理的政策、人力资源开发管理的经费和保障、人力资源开发管理的评估等。

(二)学校教职工的聘用

学校教职工的聘用是学校人力资源开发的中心内容,是学校在竞争中拥有人才优势、维持自身生存、促进持续发展的第一要素。因此,聘用高素质的、有潜能的人才对于学校的发展至关重要。中小学校教职工的聘用,要根据《中华人民共和国教师法》以及相关的法律、法规和学校内部管理体制的具体情况进行。其内容包括:聘用范围、对象,聘用原则和聘用合同的签订,聘用合同的变更、终止和解除,违反和解除聘用合同的经济补偿,组织管理及其他相关问题的处理等。其具体操作程序为:发布招聘公告,个人提出应聘申请,组织考试考核,确定聘用人员,签订聘用合同等。

(三)学习型组织的建立和学校人力资源的培训

1. 学习型组织的建立

学校人力资源的开发管理目前正呈现出个人与组织相结合的发展趋势。然而,要使两者有机地结合,把个体人力资源开发与学校发展紧密地结合在一起,建立学习型组织便是一个有效的选择。

学习型组织对于人力资源开发管理具有重要的意义。人力资源开发管理的目标是组织的生存、成长与学习创新,并日益与组织的发展战略融为一体。在人力资源开发管理的过程中,个人的改进与组织的改进是融为一体的,未来的人力资源开发管理是高层管理者与各职能部门合作者的共同责任与使命。组织发展的种种技术与方法将日益成为人力资源开发管理的重要内容。人力资源开发管理不仅与组织融为一体,而且日益对整个社会形成系统性的影响。人力资源开发管理的必然要求便是建立学习型组织。

综上所述,我们可以得出:建立学习型组织是学校有效进行人力资源开发管理的有效形式,学校人力资源的有效开发管理必须建立起学习型组织。

2. 学校人力资源的培训

学校人力资源的培训是以学习型组织为依托的人力资源主体性开发活动,是终身教育理念的一种具体体现。自20世纪90年代以来,世界各国对人力资源培训的战略地位的认识在逐步地深化,人力资源培训理论的研究在不断地深入,人力资源培训的活动也在进一步地拓展,出现了人力资源全面开发的崭新的景观。自改革开放以来,我国的学校人力资源培训经历了一个加快发展的过程。

学校人力资源培训的主体化。人力资源培训成为优先发展教育中的优先领域。国运兴衰,系于教育;教育振兴,关键在于学校人力资源特别是校长和教师的人力资源的培训,在于其素质的整体提高。基于这种认识,很多学校都自觉地把人力资源培训作为自己的主体行为,作为形成学校优势的关键事项,进行整体规划、加大力度、重点投入,以发挥学校人力资源开发在学校管理中的增值功效。

学校人力资源培训内容的丰富化。学校人力资源培训的内容在20世纪80年代初还仅限于学科知识的培训,20世纪90年代以后,培训的内容不仅包括学科知识,还包括现代技术、能力训练、学校问题诊断和教育教学研究等专题性、模块性的内容,使其更贴近学校的教育教学和管理的实际,具有了更强的针对性和应用性。

(四)学校人力资源的激励

学校人力资源是学校教育教学和管理工作的主体,是办好一所学校的关键,学校工作的一项根本性任务就是运用各种激励手段,促进教职工积极、主动、创造性地工作。现代管理心理学认为,激励是激发鼓励的意思;组织行为学认为,激励是激发人的动机,使人有一股内在的动力,朝着所期望的目标前进的心理活动过程,也可以说是调动人的积极性的过程。激励的作用就在于调动人的潜在的积极性,出色地去实现既定目标,不断提高工作的成效。这种激励的作用表现在:

(1)激励可以挖掘人力资源的潜力。管理学研究表明:一个人的潜力在正常状态下只发挥50%左右,而有效的激励则可使之提高30%左右。因此,正确而有效地进行激励,可以充分挖掘学校人力资源的内在潜力。

(2)激励可以使不同层次的人力资源的需要得到满足。学校中的教职工是具有层次性和差异性的。激励学校人力资源就要运用多种方法和手段,其中既包括物质的,也包括精神的;既包括工作条件的,也包括工作本身意义的。要针对不同层次和差异的人群进行满足其合理要求的激励。

(3)激励可以提高人力资源的集聚力。学校人力资源集聚力的内涵包括:体现人力资源的价值力,改变人力资源的非价值的状况;发挥人力资源的创造力,形成和完善创新的运作机制;提高人力资源的机会力,让其获得发展机会和成就感;铸造人力资源的环境力,形成强有力的环境氛围。要通过各种激励手段的运用,使之产生类聚效应、综合效应和联动效应,进而形成人力资源的集聚力。

(4)激励可以降低人力成本。激励是如何用人、调动其积极性的问题。在人力资源开发过程中,培养人的成本最高,引进人的成本次之,而合理用人的成本最低。因此,运用多种有效的激励手段,可以满足人的需要,激发其原动力和潜在力,通过合理用人来降低人力成本,实现人力资源开发管理效益的最大化。

## 七、学校人力资源开发管理的机制

学校人力资源开发管理能否做到降低成本、发掘潜能、促进创新、推进发展,就在于是否有一个有效运行的人力资源开发管理的机制。

### (一)人力资源开发管理的政策导向机制

政策是政党或组织的政治意图和人们利益的体现,是理论指导实践的中间环节,具有引导、调控和促进功能,在学校人力资源的开发管理中具有推动发展的重要作用。

(1)人力资源培训政策:人力资源是教育生产力。对人力资源的培训投资是一种生产性投资,是资源增效的投资。要根据人力资源开发管理的目标任务,制定稳定的学校人力资源培训投入的政策。

(2)人力资源引进和聘用政策:所谓人力资源引进和聘用政策,就是要实现人力资源引进主体转换,实施学校自主引进人才的政策;就是要营造平等、公开、公正的竞争机制,不拘一格选拔人才;就是要改变学历取向的用人政策,实行能力和业绩取向的用人政策。

(3)人力资源的工资和奖励政策:所谓人力资源的工资和奖励政策,就是要实行效率优先、兼顾公平和按多种要素分配的工资和奖励政策,发挥经济手段和精神手段两方面的激励作用。

(4)人力资源的职务、职称政策:所谓人力资源的职务、职称政策,就是要变职称评定中的评、聘合一为评、聘分开,实行个人申报、社会评审,单位自主设岗、自主聘任、自主管理的聘用机制,变过去人力资源的"身份"管理为"岗位"管理。

### (二)人力资源开发管理的运行机制

学校人力资源开发管理的运行机制主要包括:建立开放而自行流动的人才市场,实行地位平等、双向选择的合同聘用,维护学校人力资源的合法权益,推进学校人力资源的培训学习等。

(1)建立开放而自行流动的人才市场:是确保人力资源有效、有序流动和形成充满生机、活力的人力资源运行机制的前提条件。流水不腐,户枢不蠹。只有人才资源坚持以市场为基础进行配置,并不断进行流动,才能保证人力资源开发管理的良性运行机制的形成。

(2)实行地位平等、双向选择的合同聘用是由"权力中心"向"责任中心"转变的必然要求。实行合同聘用,一方面,要明确双方的权利、责任和义务等关系,使其负责任地工作;另一方面,也要通过优胜劣汰,促进竞争,形成"不用扬鞭自奋蹄"的奋发向上的激活机制。

(3)维护学校人力资源的合法权益是一种满足学校人力资源生存和发展需要的保护机制。《中华人民共和国教师法》对学校教师的资格、职务、聘任、培训等都有明确的要求,对教师的申诉作了明确的规定,对学校其他人员的权益保护也有相应的法律、法规。因此,要维持和发展学校的人力资源,就要建立学校人力资源合法权益的保护机制,运用法律武器、按照法律程序维护其合法权益。

(4)推进学校人力资源的培训学习是现代社会信息化和学习任务化的时代要求,也是学校人力资源深度开发的重要举措。我们要通过学习型组织和培训学习制度的建立,形成学校组织学习、团体互动学习、个体自觉学习的效率化的培训学习运行机制。

### (三)人力资源开发管理的调控评估机制

学校人力资源开发管理的调控评估机制是确保学校人力资源开发管理有序、有效、健康运行的机制。如果学校人力资源开发管理缺乏调控和评估,就会导致方向偏离甚至逆转。因此,建立学校人力资源开发管理的调控评估机制,增强学校自我控制、自我调节、自我发展的能力,是建立学校人力资源开发管理运行机制的强有力的支撑。学校人力资源开发管理的调控和评估的运行如图5-1所示。

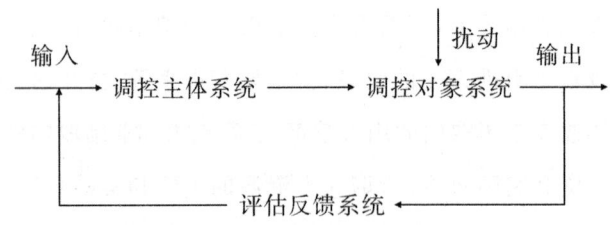

图5-1 学校人力资源开发管理的调控和评估的运行

调控主体系统是学校人力资源开发管理系统的核心。它的功能:一是接收外界输入信息和评估反馈信息,并对信息进行分析、加工和处理;二是传送加工后的信息,施控于调控对象系统。

调控对象系统是学校的人力资源,是调节控制的受动者。从图5-1可见,在学校人力资源的开发管理过程中,经常会有来自各方面的扰动,这种扰动会影响作为调控对象的学校人力资源,如不加以及时的调控就会出现偏差,难以达成预期目标。

评估反馈系统是把调控对象系统传输出的信息回馈到调控主体系统,通过比较调控对象的状态与预期目标之间的差距,进而采取新的调控措施,再作用于调控对象。

因此,作为学校人力资源开发管理的调控评估的运作机制,就是一个建立调控评估标准、衡量人力资源开发管理的现实状况与预定目标的偏差,采取相应的调节措施控制、纠正偏差的运作过程。

以上是学校人力资源开发管理的运作机制的主要环节和内容,除此之外,它还涉及若干具体环节和操作技术,这里就不进一步展开论述了。

# 第六章 教育教学管理方法的多维视野

教学管理方法,是为完成教学管理任务而采取的具体方式和途径,它是达到管理目标的工具和桥梁。"工欲善其事,必先利其器",这里的器是指工具,也可视为方法。培根说:"跛足而不迷路能赶过虽健步如飞但误入歧途的人。"可见,先进正确的方法可以提高管理效能,起到事半功倍的作用。

现代教学管理是建立在教育科学、管理科学、行为科学、数学和系统科学等理论基础之上的,因而这些学科的研究方法和手段必然要渗透到现代教学管理中来。在传统的教学管理方法基础上,借鉴以"三论"为代表的新学科群的方法和技术,使之与现代教学管理的实践很好地结合,将会给现代教学管理的发展带来重大突破。本章基于这种必然趋势,对现代教学管理的方法和技术进行专门描述。

## 第一节 社会科学方法

管理中的社会科学方法是指将社会科学的研究成果和研究方法运用于管理实践以提高管理的功效、实现管理目标的方法。现代教学管理的社会科学方法比较多,其中最常用的有调查方法和抓点带面方法。

### 一、调查方法

调查方法是根据解决问题的需要深入实际,通过谈话、会议、问卷、观察、追踪、寻查等方式去获取信息、分析情况的一种重要方法。管理的关键问题是决策,而正确的决策来源于对有关信息的掌握和做出正确的分析。教学管理水平的提高取决于教学管理系统内部诸多要素的作用以及社会系统对教学及其管理系统的影响,无论针对哪一个方面出现的问题,只有通过深入实际调查研究,掌握第一手材料,才能得到真实的信息,从而使教学管理建立在客观实际的基础之上,取得管理、改革和教学的主动权。所以调查方法在现代教学管理中起着十分重要的作用。

调查方法在运用时包括以下五个主要步骤:

(1)明确调查目的,即需要了解哪些情况,希望解决哪些问题。

(2)合理选择调查对象。调查对象是获取信息的信源,要取得准确可靠的信息,实现调查目的,就必须合理选择调查对象,选择的调查对象一定要符合调查目的要求,要具有代表性和普遍意义。

（3）确定调查方式，做好准备工作。调查的方式很多，有会议调查、走访调查、问卷调查等，应根据不同目的、内容和要求确定与其相适应的调查方式，并做好准备，如采用问卷调查方式，就应提前准备好问卷。

（4）通过实施调查获取信息。

（5）对调查中得到的各种信息进行整理和综合分析，去粗取精、去伪存真，从中得出规律性的认识。

调查方法在现代教学管理中应用比较普遍。如通过社会需要和人才市场的调查，了解用人单位对人才培养的专业、数量规格等方面的要求，为确定人才培养目标和制订院校发展规划提供可靠依据；通过对毕业生使用情况的跟踪调查和分析，了解用人单位对毕业生的评价意见和毕业生的工作适应情况，从而获得教学质量的反馈信息，掌握教学计划规定的培养目标、质量规格与实际需要之间的差距，以便适时调整教学计划，完善教学总体设计；通过对毕业生本人的直接调查，了解他们在社会工作了一段时间之后，对学校的专业设置、课程安排、教学内容和教学方法等的体会和见解，以便改进教学工作。

## 二、抓点带面方法

抓点带面方法是指通过试点，摸索事物发展的基本规律，了解需具备和完善的条件以及可行性范围等，取得一定的经验后再进行推广，从而指导全面工作的一种管理方法。现代教学管理中，一些重大的决策是否科学、是否可行，都应该先进行试点，经过验证后再决定是否在更大的范围内推广实施，这样可以减少盲目性和失误。抓点带面也是现代教学管理的一个行之有效的重要方法。

运用抓点带面方法，主要包括以下三个环节：

（1）选好试点。选点是抓点的前提，是抓点带面的第一个环节，必须根据教学管理工作的需要，把点选准。首先试点单位要具备实施试点的条件。其次要使点上的经验具有普遍的指导意义。

（2）抓好试点。抓点是带面的基础，是抓点带面的关键性环节，必须坚持实事求是的态度，扎扎实实地抓，认认真真地总结经验、教训和摸索规律，通过试点，确定应具备和完善的条件、可行性范围等。

（3）推广带面。根据试点的结果，决定是否推广，在多大范围内推广。这一环节是抓试点的落脚点和归宿，也是抓点带面方法对现代教学管理的指导意义所在。

在现代教学管理中，抓点带面方法经常用于验证决策的科学性、可行性和推广教改的经验等。例如一种新的教学方法，在推广前应先进行试点，经过试点，对其科学性和可行性进行验证，并完善其实施条件，充实其内容，对试点中发现的问题和不当之处进行修改，取得经验后再全面铺开。可见这种方法可以减少失误,从而提高教学管理效能。

# 第二节 行为科学方法

行为科学是运用社会学、心理学、人类学等理论和方法,研究工作环境中个人和群体的行为规律以及对人的管理的一门科学。它是西方现代管理理论的主要流派之一。

现代教学管理系统是一个以人为主要因素的系统,教师、学生、教学管理人员等人的因素在系统中起着决定性作用。教学管理的各项活动、管理过程的各个环节,都要靠人去调控和调动,教学管理的资源(人、财、物、时间、信息等)要靠人去合理运筹,教学管理目标归根结底要靠人的共同努力才能实现,所以对人的管理,发挥人的积极性和创造性,是教学管理工作的核心。人的作用是通过其行为表现出来的,对人的管理,就是要对人施加影响来调节人的行为,使其符合管理目标的要求。而要有效地调节人的行为,就需要认识人的行为规律,因此,行为科学的方法是现代教学管理的一个很重要的方法,在对人的管理方面,它有着其他方法不可比拟的优势。行为科学方法中最常用的方法有激励方法和人群关系沟通法。

## 一、激励方法

一个人的行为目的,总是直接或间接、自觉或不自觉地为了实现某种需要的满足。当人的某种需要有了实现的可能性时,就会产生为满足这种需要而从事某种活动的念头或想法,这就是动机。动机是激励人去行为的原因,也是引起、维持人的某种行动以达到预定目的的愿望或意念,动机支配着人的行为。组织成员工作成绩的大小,很大程度上取决于他们的行为动机,如果用关系式表达,如:

工作成绩 = 能力 × 动机

此公式可理解为,一个人工作成绩的大小,在能力一定的情况下,主要取决于动机的强弱。

激励方法就是在管理活动中,有效地运用激励手段,激发和强化人的行为动机,以充分调动和保持人们的积极性,提高工作效率,从而提高管理效能的方法。

既然激励方法是通过激励人的行为动机来实行有效的管理,那么人的行为动机的强度是由什么决定的呢?当一个人无意达到某个目标,即没有达到某个目标的欲望时,结果当然不会产生行为动机。同样,当这个人认为毫无达到目标的希望时,他也不会有任何积极性,所以,一个人采取某种行动的动力,取决于他对实现目标的欲望和目标实现的可能性大小,用公式表示为:

动机强度(动力) = 欲望 × 可能性

因此,激励方法采取的激励手段包括两个方面:一是激励人实现目标的欲望;二是通过创造条件来加大目标实现的可能性。

人对实现某一目标的欲望,是由预期目标的价值,实现后的满足度以及对它的喜爱、重视和追求程度决定的。管理政策、工资待遇、工作环境、人际关系、个人生活、地位与安全等需求因素能激发人工作的欲望,但这些需求可以通过外部条件比较容易地得到满足,而已经满足了的需要不再具有激励作用,所以真正能发挥人的内在潜力的因素还是来自工作本身或工作内容方面的因素,包括对工作有无兴趣、工作本身的挑战性、工作表现机会、个人才能的发挥、工作成就获得社会承认、负有重大责任和在工作中的发展成长以及对未来发展的期望等,也就是所谓的工作上的"成就感"、职务上的"责任感"和对未来的"期望感"等,这些因素根本性地决定着人们对工作目标的追求程度和满足程度。由于一个人对尊重和自我实现的需求是永远不会感到完全满足的,所以这些因素具有更加持久的激励作用。这些内部因素加上成功的可能性就构成了激发一个人采取某一行动的激励因素。

在实施激励时,首先要根据组织成员的能力和兴趣点,合理制定目标,如果目标很有吸引力,但因太高而无法达到,也不会产生很强的激励效果,另外作为管理者,还要努力创造一种有利于人们实现目标的环境条件,减少和消除工作中所遇到的种种障碍,并及时反馈阶段工作效果,使每个组织成员能迅速发现问题,修正行为,接近目标,以此来加大实现工作目标的可能性。其次通过内部因素来激励人们取得工作成绩的欲望,如对不同的人尽可能做到用其所学,干其所好,将工作与兴趣结合起来,按工作成绩奖酬,强化工作成就感。管理体制的设计要能充分展示每个人的才能,使工作任务更富于挑战性,让组织成员参与工作计划和设计,增强责任感等,以此发挥每个人的主动性和创造性,提高工作效率,实现管理目标。

综上所述,使用激励方法应包括以下三个步骤:

(1)明确管理所要实现的组织目标,即要做些什么工作以解决什么问题。根据组织目标和组织成员的能力和兴趣,制定出能发挥每个人积极性和创造性的个人目标,使每个组织成员的才能与赋予他的工作任务得到最佳匹配,从而实现管理目标的整体优化。

(2)通过调查和分析,寻找真正的实现工作目标的激励因素。由于不同的人对同一组织目标的兴趣点、价值判断不同,所以激励因素是因人而异的,作为管理者,对不同的人应确定具体的适合于本人的激励方式。

(3)采取相应的措施、手段实施激励,调动管理系统内全体人员的积极性和创造性,使其努力工作,实现管理目标。

如何提高教学效果和质量是现代教学管理的核心问题,运用激励方法,有助于解决这一问题。我们知道,影响教学效果和质量的因素有教师因素、学生因素、条件因素(教学媒介)等,如果我们在管理上用激励方法充分调动了教师和学生的主动性和创造性,教学系统功能的有效发挥就有了基本的保证,教学效果和质量的提高也就有了基础。例如对教师的管理,可以只规定所要达到的教学目标,而不详细规定如何达到目标,不干涉教师在实现目标的过程中的活动,只要是对提高教学质量有利的方法和活动,都努力地提供或创造条件,帮助教师克服困难,这样就激发了教师的责任感,加大了教师实现目标的可能性;对教师的工作成绩要建立奖励制度,予以认可和嘉奖,这样就能激励和强化教师的工作成就感,促使教师主动地改进教学,为实现教学目标而努力工作。对学生的管理也是如此,青年学生正处于从依附关系向独立自主急剧转化的阶段,他们常常强调自己独立的人格,渴望参与,渴望提供更多的机会让他们发表自己的意见,直接参与教学改革并取得成就,因此教学管理者要激励他们的参与感和成就动机,使他们认识到提高教学质量不仅是教师也是他们自己的任务。在学习方法上应多用问题教学法和发现法,教师可根据教材提出一定的问题,或让学生自己去发现问题,引导学生对问题进行思考和分析,通过寻求解决的方法来激发学生的求知欲和兴趣,鼓励他们自己去"发现",使得学习对学生来说更富有挑战性,这种渴求理解知识和掌握知识的强烈愿望,将使他们对学习产生浓厚的兴趣,促使他们主动查阅有关参考书或向教师、同伴求教,努力思考,探究到底,直到真正弄懂掌握为止。这种积极主动的学习态度,使得学生的学习效率大幅度提高,从而达到提高教学效果和质量的目的。

## 二、人群关系沟通法

行为科学认为只要是管理中的人,无论是管理者或是被管理者,都是群体的一员,都处在一定的人群关系中,并在管理群体中满足其归属感、安全感和自我完善等需要。因此,通过人与人之间的沟通,建立良好的人际关系,在人际协调管理中提高工作效率和管理效益,已成为一个非常重要的管理手段。

人群关系沟通法是指在管理群体中的人与人之间,通过传递思想、感情和信息,彼此沟通,建立良好、和谐的人际关系,从而保持管理系统的正常运转,提高管理效能的方法。教学管理系统包括一个由教师、学生、教学管理人员组成的管理群体,因而人群关系沟通法同样适用于教学管理系统。人群关系沟通法在管理中的作用主要包括:

(1)通过人与人之间的沟通和对话,可以学习和利用别人的知识经验,可以提供看问题的不同角度、不同观点和新的信息。

(2)通过沟通可以改变并形成人们对工作的积极态度,使人思维活跃,注意力集中,坚定而不怕挫折,提高工作和学习效率。

(3)通过沟通和对话可以化解矛盾和冲突,改善人与人之间的关系,提高组织中全体成员的凝聚力。

(4)通过管理者与被管理者之间的沟通,及时反馈阶段性工作情况,使管理者及时修正、完善工作计划,减少失误。

在管理中进行有效的沟通,需要做到以下四点:

(1)提高沟通的心理水平,双方要有诚意并互相尊重。

(2)正确运用语言,做到诚恳、确切、简明。

(3)要有谦逊的态度,尽量不插话、不打断对方的话,维持轻松的谈话气氛。

(4)采取多种沟通方式,除了语言交流,一些非语言行为如主动帮助解决工作、生活困难等,也可以起沟通作用。

教学管理中的管理群体由教师、学生和教学管理人员组成,要想使教学管理系统实现整体优化的管理目标,就需要运用人群关系沟通法进行协调管理。比如教师之间,通过关系沟通,可以统一教学目标和教学思想,协调教学组织方法,使不同课程、不同环节的教学形成一个完善的教学体系,实现共同的教学目标;教师和学生之间的沟通,可以加深教与学之间的了解,促进尊师爱生,养成良好的教风和学风。人群关系沟通法就像润滑剂,传递信息,疏通意见,化解矛盾,消除"内耗",保持教学管理系统正常、高效地运转。

## 第三节 系统科学方法

系统科学方法是在系统科学理论高度发展和成熟的基础上产生的方法论形态。它是按照事实本身的系统性,把研究对象当作一个整体,运用系统理论和观点,概念和语言,着重从系统与要素、要素与要素、系统与环境的相互关系中综合地、精确地考察和揭示系统的性质、状态及运动规律,从而达到问题处理最佳化的一种研究方法。

系统科学方法强调系统整体的目标、功能、活动及其规律,它不要求人们事先把研究对象分成若干部分,分别研究,然后再汇集和综合,而要求从整体入手,从整体与部分、整体与环境的关系中揭示系统整体性质及其运动规律。系统科学方法的一个突出的贡献或特征就是在实现目标上追求整体最优化,即寻求对局部可能不是最好,但各部分协调运作起来能够达到整体最佳效果的整体最优方案。此外,系统科学方法还有一个重要特点是容易用数学模型去描述和确定系统结构和行为,这就便于引进数学方法和数学语言,因此,它为科学研究数学化提供前提和中间过渡模式,加快了科学数量化的进程。正是由于系统科学方法具有整体性、最优化和数量化等突出特点,所以它特别适合现代管理复杂性、综合化的发展趋势。

现代教学管理系统是把教学管理活动中的人、设备、资金、信息和时间等各种基本资源经过合理地组织并有效地利用,最大限度地发挥其作用,完成教学目标的一种管理组织系统,是由人的系统、组织系统、物的系统、信息系统等组成的多因素、多序列、多层次的复杂系统。运用系统科学的方法,把全部教学管理作为一个系统进行研究,以求得整体上的最优,通过协调各子系统的关系,使各组成要素和结构组成一个协调运动的整体,以达到系统的整体性目标。因此,系统科学方法是现代教学管理的一类非常重要的方法。这里介绍系统科学方法中的四个主要方法。

## 一、系统工程方法

系统工程方法虽然应用广泛且效果显著,但对于什么是系统工程方法,至今仍未形成一致的见解。笔者认为,从其实质讲,系统工程方法是系统和工程两方面内容有机结合的产物。凡组织一批人力、物力等去完成一个特定任务就是一项工程。所谓系统工程方法,就是用系统科学的思想和方法,从对系统的认识出发,在规划设计、组织建构和经营运转一个人工组织管理系统,以获得系统整体优化效果的一整套应用技术。因为它不是着眼于个别具体技术的合理化,而是从对象系统整体最优出发,着重考虑对象系统的功能、规划、协调等组织管理的最优化,所以,系统工程方法在应用上必然具有极大的普适性,教学管理系统也不例外。

霍尔于1969年提出的系统工程三维结构被认为是比较通用的一种系统工程方法,这种方法集中体现了系统工程方法整体化、综合化和最优化的特点,它是各种具体系统工程方法的基础,霍尔的系统工程三维结构如图6-1所示。

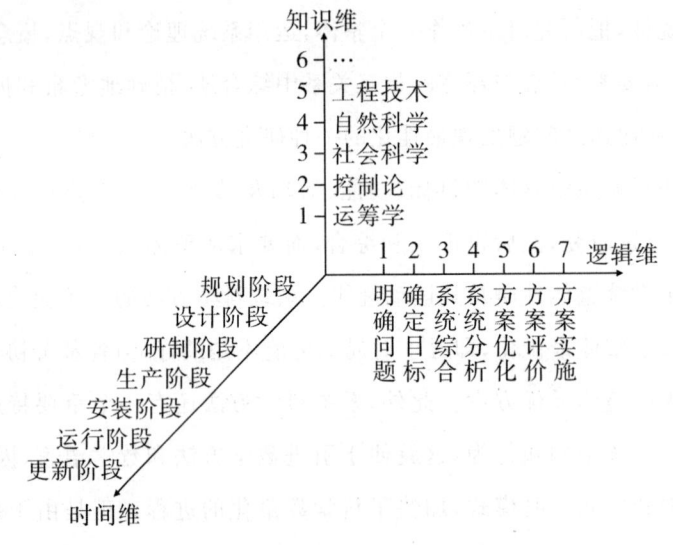

图6-1 霍尔三维结构示意图

其中,时间维是指系统工程方法解决问题的基本进程,一般分为规划、设计、研制、生产、安装、运行、更新七个阶段;逻辑维是指系统工程方法解决问题的基本步骤,包括明确问题、确定目标、系统综合、系统分析、方案优化、方案评价和方案实施;知识维指系统工程方法在解决问题时所需要的相关专业知识。若将时间维和逻辑维结合在一起就构成霍尔系统工程活动矩阵,如表6-1所示。

表 6－1 霍尔系统工程活动矩阵

| 时间维<br>逻辑维 | 明确<br>问题(1) | 确定<br>目标(2) | 系统<br>综合(3) | 系统<br>分析(4) | 方案<br>优化(5) | 方案<br>评价(6) | 方案<br>实施(7) |
|---|---|---|---|---|---|---|---|
| 规划(1) | $a_{11}$ | $a_{12}$ | $a_{13}$ | $a_{14}$ | $a_{15}$ | $a_{16}$ | $a_{17}$ |
| 设计(2) | $a_{21}$ | $a_{22}$ | $a_{23}$ | $a_{24}$ | $a_{25}$ | $a_{26}$ | $a_{27}$ |
| 研制(3) | $a_{31}$ | $a_{32}$ | $a_{33}$ | $a_{34}$ | $a_{35}$ | $a_{36}$ | $a_{37}$ |
| 生产(4) | $a_{41}$ | $a_{42}$ | $a_{43}$ | $a_{44}$ | $a_{45}$ | $a_{46}$ | $a_{47}$ |
| 安装(5) | $a_{51}$ | $a_{52}$ | $a_{53}$ | $a_{54}$ | $a_{55}$ | $a_{56}$ | $a_{57}$ |
| 运行(6) | $a_{61}$ | $a_{62}$ | $a_{63}$ | $a_{64}$ | $a_{65}$ | $a_{66}$ | $a_{67}$ |
| 更新(7) | $a_{71}$ | $a_{72}$ | $a_{73}$ | $a_{74}$ | $a_{75}$ | $a_{76}$ | $a_{77}$ |

其中 $a_{ij}$ 代表某一阶段中某一步骤的具体活动情况,如 $a_{24}$ 表示的是设计阶段中系统分析的具体情况。

若将时间维、逻辑维和知识维结合起来,就可表示出系统工程方法的基本框架。运用这个基本框架解决问题,就犹如建造一座大厦:由时间维和逻辑维构成的霍尔系统工程活动矩阵是大厦的基石和设计蓝图,而知识维是其建筑材料,大厦必须在稳固的基石和设计蓝图的基础上,正确运用建筑材料才能建成。

根据霍尔系统工程的三维结构和活动矩阵所提供的基本思路,我们可以把系统工程的方法归纳为由系统分析、系统模拟、系统设计、系统管理、系统评价等主要环节组成的过程,其简化模式如图 6－2 所示。

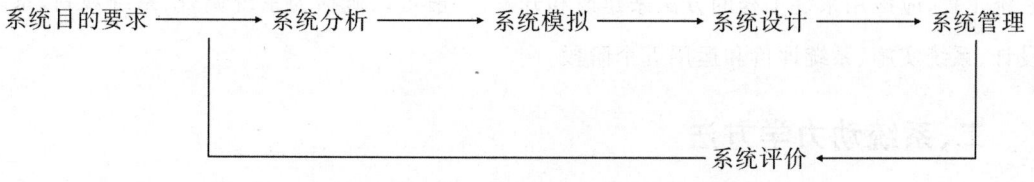

图 6－2 系统工程主要环节

因此,系统工程方法的实施包括以下九个步骤:

(1)确定要研究的对象系统,提出需要解决的问题。

(2)确定系统目标,找出系统内各子系统、各要素之间的联系,选择具体的评价指标。通常把系统要实现的整体功能作为系统目标。

(3)收集与系统有关的数据。在分析系统组成和各部分相互协调的基础上收集、处理有关数据。

(4) 系统分析。这是系统工程方法的核心环节。通过分析系统内各个因素、子系统与整体系统的功能及它们的相互关系,认识系统的目的、功能、结构和系统内部诸要素的关系,建立起数学模型,给出理想目标函数 j(x,t) 和一组约束条件 h(x,t)、g(x,t) 等。通过数学模型把备选方案与评价指标联系起来。

(5) 系统模拟。用电子计算机对模型进行仿真,以便对不同的方案进行比较、鉴别,并按理想目标函数 j(x,t) 值大小排序。

(6) 系统设计。依据约束条件和各种环境因素,设计出理想系统,并通过一些途径对理想方案进行评价和修正,设计出可能实现的几种备选方案。

(7) 系统评价。对于设计出来的可供选择的系统构建方案,依据评价指标,进行费用、效果以及方案成功可能性大小等方面的综合评价,并在此基础上进行决策,选择出最优的系统设计方案。

(8) 进行最优方案的研制和试验。

(9) 系统管理。包括系统的运行操作和对系统运行总效果进行综合评价,提出对系统的改进意见。

系统工程方法在教学管理中有非常重要的作用,比如制订教学计划进行教学总体设计,就是重要的系统工程。从明确工作目的,进行社会需求、人才市场调查,进行系统分析、确定人才目标和培养规格,进而确定课程体系、教学过程,最后进行试行、评价等,就是系统工程的步骤。再如现代教学管理系统的最终目标是实现对教学系统的最优控制,而有关信息的收集和处理是对教学系统实施控制的前提和必要条件,教学管理信息具有强大的反馈功能和支持决策功能,因此,现代教学管理的一个重要任务是建立相对完善而合理的教学管理信息系统。教学系统中的信息是极其广泛的、复杂的,教学信息的管理和运用更是一个复杂的系统工程,应该用系统工程的方法来建设和开发,一般可以概括为系统调查、系统规划、系统设计、系统实施、系统评价和运用五个阶段。

## 二、系统动力学方法

系统动力学方法是运用仿真模型研究复杂系统动态行为的有效方法。它是基于人的思维能力和电子计算机的模拟仿真能力,按一定规则设计对象的系统结构,并对未来可能发生的变化预先做出估计,通过计算机模拟,对各种策略实施结果予以显示,为决策者提供各种备选方案的一种工程技术方法。

系统动力学认为,一切系统的外部动态行为主要取决于系统的内部结构,其中起决定作用的是系统内部反馈回路。系统动力学方法就是借助于系统内部各要素之间因果关系的分析,把系统的要素一环环连接起来,构成一个个反馈回路,从而形成一种结构。系统现在和未来的演化过程、动态行为等,就是发生在这种结构中,它通过建立系统的结构模型,利用电子计算机强大的记忆能力和高速运算能力,来实现对复杂系统的可重复实验,探索各种策略和方案对系统将产生什么样的影响,并显示其实施结果,通过评价最后得到满意的答案。可见,系统动力学方法的成功之处就在于,把系统各要素之间因果关系的逻辑分析与信息反馈控制原理巧妙地结合起来,从而为人们分析复杂系统的动态行为提供了一条切实可行的新思路。它通过建立模型和运用计算模拟技术,创立了社会科学研究的实验方法,使得社会科学研究也可以像自然科学的研究那样借助于有控制的实验手段来进行,为社会科学研究填补了空白。系统动力学方法的核心在于描述系统的结构,它涉及系统的因果关系分析,系统要素的分类和处理,流图的绘制,系统动力学方程的建立等。

（一）因果关系分析

对系统进行因果关系分析,确定系统内部要素之间的关系,并以相互作用图予以表示,是建立系统动力学模型的第一步,也是关键的一步,它决定了系统结构的框架。因果关系分析可以借助于"相对孤立系统原则"和"最小概率原则"。相对孤立系统原则是指,在着手分析问题之前,应将被研究的客体按照一定标准从环境中孤立起来,并在系统内划分出若干局部子系统,以避免无穷尽地探索"原因的原因"。最小概率原则是指,某件事情的发生对我们关心的因素的影响可以小到一定程度,忽略它也不至于严重影响我们对系统的分析,这样可以掌握住主要的因果关系。系统的因果关系分析,其目的是弄清构成系统的反馈环,即系统内部要素的因果关系环。系统的反馈环有正负之分,正反馈环使系统表现为无限增长的行为,即趋向动荡;负反馈环使系统具有收敛的行为,即趋向稳定。复杂系统是由多个正负反馈环组成,主要的反馈环及其这些反馈环之间的关系决定着系统的动态行为。

（二）系统的要素分类及处理

在系统动力学模型中,基本构成要素有：①水平变量。亦称状态变量,是系统中随时间变化而不断积累的量。②速率变量。它表示系统积累的变化速率。速率变量又叫决策变量,因为可以通过速率变量来控制调整现在状况与目标的偏差。③常量：即系统运行期间,其值保持不变的量。④辅助变量：是设置在水平变量和速率变量之间的信息通道中起辅助作用的变量,其作用是使速率变量的表达式得以简化。⑤流线：用来表示实体信息相互交换和联系的通道,如资金流、物质流、信息流等。⑥源与汇：是产生和终止流线的理想点。

上述这些要素的有机结合,就形成了整个系统流的网络,系统模型就是通过各种流来沟通的。在系统动力学中,这些要素都有专门的符号,由这些符号构成的图称作流图。

（三）流图

流图是从现实存在着的复杂系统中抽象出来的,是系统动力学特有的表示模型的一种形式。它在反馈环的基础上,用一些基本要素符号,把模型直观形象地描述出来,以反映模型的结构和动态特征,并作为建立系统动力学方程式的基础和依据。流图基于反馈环,但比反馈环更进一步,它能够把水平变量、速率变量以及辅助变量等表示出来,并能反映它们之间的信息反馈关系。由于水平变量和速率变量是流图中的主要变量,因此,绘制流图时,应把他们作为重点研究。

(四)系统动力学方程式

绘制出流图,已经可以简明地描述系统各要素之间的逻辑关系和结构特征,但还不能表示系统变量之间的数量关系。要定量描述系统的动态行为,还需要建立系统动力学方程式。系统动力学方程式属于时间步进型的方程式,是用一种叫 DYNAMO(dynamic model,动态模拟)的专用计算机语言写成的。这种语言最早出现在1958年,有了这种专用仿真语言,系统动力学对较复杂系统的建模、结构分析、模拟才得以实现。

综合以上分析,系统动力学方法的具体工作步骤如下:

(1)提出目标,阐明问题。确定系统的目标,然后进行科学的分析和预测,这一步至少要考虑如下内容:预测系统的期望状态;观察系统特征;分析系统中真正的问题是什么;描述与问题有关的系统状态;选择适当的变量,收集有关资料等。

(2)因果关系分析。这一步是描述与问题有关的要素,解释各要素之间的相互关系,确定反馈环。这项工作的难度在于应该对系统有敏锐的洞察力,能够敏锐地观察反馈环的构成和作用,并通过反馈环的相互制约,巧妙地制定控制系统的方案。

(3)建立系统动力学模型。这包括两部分:绘制流图和构造方程式。根据因果关系分析得到的反馈环,利用基本要素符号将系统的各要素连接起来,构成流图,并在此基础上建立方程式。

(4)计算机仿真。根据建立的系统动力学方程式,进行 DYNAMO 计算机语言的程序设计,上机模拟实验。通过上机运行,获得仿真结果,并通过人机对话,调整或修改程序。

(5)结果分析。模拟结果如何,是不是达到了预期的目的,如果没有,应找出原因,这种原因可能由于因果关系分析不恰当,也可能是绘制流图和构造方程式有谬误,甚至可能是对基本问题判断错误。这些问题都可以通过分析模拟结果来发现。

(6)修正。根据模型结果分析,对系统进行修正,修正系统的构造,或重新构造系统,并重复实验。

(7)评价。对模拟出的各种方案进行评价和说明,并阐明各种方案的利弊得失,以便应用。

现代教学管理过程具有不可逆性,许多教学管理改革和新发展规划的实施不可能用实验方法预先观测效果,局部的实验又往往看不出发展规划对整个教学管理系统宏观结构的影响。系统动力学方法通过建立模型和计算机模拟技术,为我们研究教学管理的改革和制定发展规划提供了一个"战略和策略实验室",在这个"实验室"里,任何一种战略或策略对教学管理系统将产生什么样的影响,其方向和程度如何等,都可以进行反复检验,通过计算机模拟仿真能力,对各种策略实施结果予以显示,为决策者提供各种备选方案,最后通过评价得到最满意的方案。可见,通过系统动力学模型来分析可能出现的事件对整个教学管理系统的影响,并模拟各种教学改革和发展策略,沟通策略响应,这种形式正是系统动力学模型的独到之处。

### 三、信息方法

任何现代管理实践,不管其形式和特点有多大差异,但有一点是共同的,即它们都存在"三个流动过程",这就是由劳动力组成的人流,由生产资料、劳动资料等组成的物质流,由各种包含新知识、新内容的消息(含情报、指令、信号、数码等)所组成的信息流。在这三个流动过程中,信息流的作用尤其重要,它不仅调节并规定着人流、物流的数量、速度和方向,而且通过信息反馈调控促使人流、物流作有序运动并达到管理系统的整体目标,如图6-3所示。

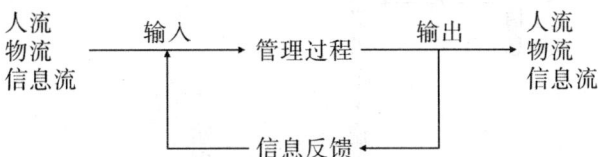

图6-3 人流、物流、信息流在管理中的不同作用

信息流就像人体中的"神经系统",协调管理系统各个层次、各个环节的活动,不断反映人流、物质流的状况,指挥人流、物质流的运动,上传下达,相互沟通联络。信息是决策和计划的基础,是组织和控制管理过程的依据和手段。没有信息,就无法决策,无法指挥和调节,因而也就无法管理。因此,现代管理过程实质上就是信息处理过程,管理工作是一种以信息处理为中心的工作。

信息方法就是运用信息论的观点,把对系统的管理过程看作是借助于信息的获取、传递、加工、处理而实现其目的运动的一种管理方法,它通过对信息和反馈信息的分析和处理达到对管理过程的控制。信息方法的实质,就是运用信息流调节管理过程中的人流和物流的数量、方向、速度和目标,驾驭人流和物流作有目的、有规律的运动,并在人流、物流偏离方向或违背规律时,及时、有效地发出调节信号,帮助管理部门调整或改革原方案。它深刻地揭示并鲜明地突出了正是由于信息的正常流动,特别是由于反馈信息对信息流程的调节和控制,才使管理系统得以实现向预定目标的运动。

从信息论角度看,教学管理过程实际上是为实现培养目标而不断收集、传递、加工处理和使用信息的过程,在这个过程中,教学管理者通过驾驭伴随着教学及其管理活动而产生的信息流来使教学活动有序地进行,进而实现教学管理的目的。信息是管理的基础,信息工作的效率和质量直接决定着管理工作的效率和质量,在教学管理中,很难想象在不了解社会对人才的需求、生源的基本情况、学校的内部条件以及前期毕业生的质量反馈信息等前提下,闭门造车会制订出好的教学计划来,也很难想象在不了解教学实施状况的前提下,会有效地进行教学协调和控制。所以,作为能够最有效地利用信息资源以支持管理者对教学活动做出科学的决策和进行有效控制的信息方法,在现代教学管理中起着非常重要的作用,它能大大地提高现代教学管理的科学化水平。

一般情况下,信息方法包括五个过程,具体内容如图6-4所示。

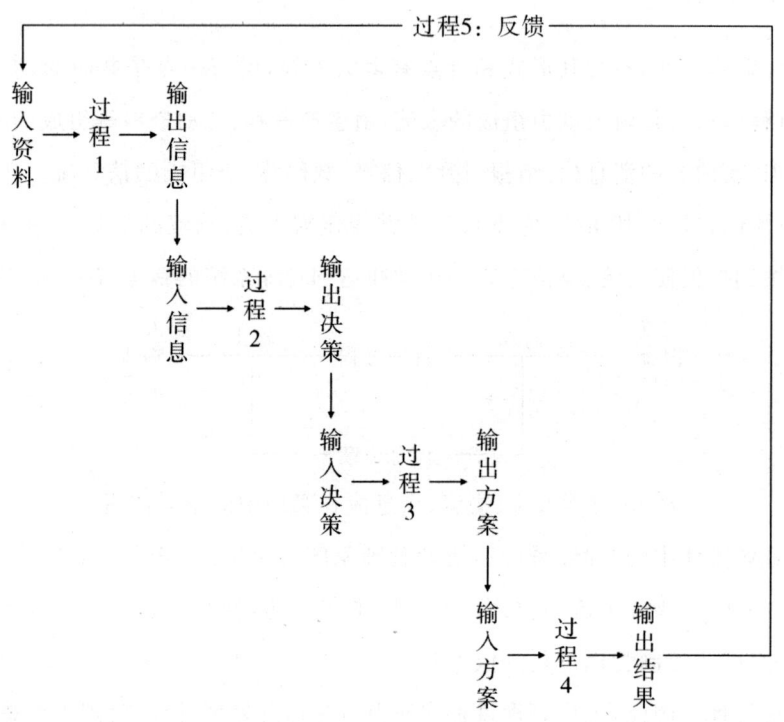

图6-4 信息方法过程

(1)根据问题收集有关资料。经过加工、处理输出信息供决策使用,这一步包括三个子过程:①新资料的收集;②已有资料的提取(从管理信息系统中提取);③新老资料的对照分析。

(2)根据信息进行决策的过程。即在综合分析上述资料的基础上进行决策,这一过程输入的是信息,输出的是决策。

(3)根据决策制订方案的过程。这是执行决策的过程,这一过程输入的是决策,输出的是实施方案。

(4)执行实施方案的过程。这一过程依据上一步制订的方案予以实施,输入的是行动方案,输出的是执行结果。

(5)结果反馈。将执行的结果信息与计划目标相对比,获得偏差信息,再将偏差信息反馈给有关管理和决策部门,以便进行调节。

在制订和实施教学管理计划中,信息方法是一种容易掌握、行之有效的重要方法。但是,必须看到的是,教学管理中的信息其实是极其广泛和复杂的,要及时、系统地收集和处理,以便充分有效地利用,因此必须建立专门的系统进行管理,这就是教学管理信息系统。

## 四、反馈方法

控制论是研究控制系统的状态、功能、行为方式及其变动趋势,使系统按预定的目标去行动的技术科学。所谓"控制",就是根据系统内、外部的变化,进行有目的的调整,以不断纠正它偏离目标的运动,使它沿着既定目标前进或保持某种特定状态的一种作用。现代教学管理的实质就是有目的地通过对以人为核心的动态系统实施整体控制,以实现教学管理目标。因此,运用控制论的理论和方法来指导教学管理实践就显得尤为重要。

反馈是控制论的重要概念,它是指把一个系统的输出信息重新返送给输入端,以影响该系统的信息再输出的过程。反馈在输入和输出间架起了"反向桥梁",如图6-5所示。

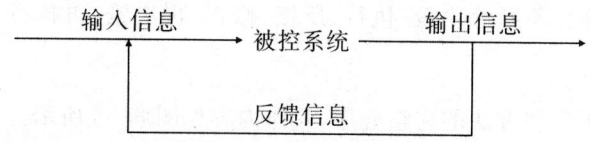

图6-5 控制系统及反馈

反馈按其作用有正反馈与负反馈之分。现代教学管理系统的控制多是为了实现计划目标,因此,在其中应用最广泛的是负反馈控制。例如,为达到教学计划的要求,教师就要通过检验教学效果,比如提问题、批改作业、考试等方式,得到学生课堂学习效果的反馈信息,用来调整授课的信息量、授课方式,调节和控制下一步的教学行为,减小教学效果与教学目标的偏差,以达到实现教学计划的目的要求。

因此,所谓反馈方法就是管理者通过系统输出端得到的反馈信息来调节系统的输入,不断减小系统输出与目标值的偏差,从而实现系统目标的方法。它是利用系统活动的结果来调整系统活动的,其实质是"根据过去的操作情况(活动结果)来控制调整系统未来的行为"。反馈方法是现代教学管理的一个重要方法。

用反馈的方法来实现对系统的控制,不可能期望一次调节就成功,往往需要有一个反复的调节过程,即偏离—调节—又偏离—再调节……这样循环往复才能逐步逼近目标。表现在管理过程中,就是决策—执行—反馈修正—再决策—再执行—再反馈—再修正……如此无穷地螺旋上升,使管理不断进步和完善。

在管理中运用反馈方法的一般步骤如下:

(1)确定控制目标。控制目标一般就是系统要实现的目标,这个目标值由系统内部因素和外部环境所决定。

(2)制定控制标准。即允许输出值偏离目标值的最小控制范围。

(3)收集反馈信息。在明确了控制目标和控制标准之后,就要对实施过程进行跟踪监督和检查,以收集实施过程中的反馈信息。

(4)比较。将实施情况与控制标准进行对比。

(5)确定偏差。通过上述对比,确定实施过程有无偏差。如无偏差,可以继续进行系统运行(这种情形在管理中很少见);如有偏差,要确定偏差的大小,最好要量化。

(6)分析偏差原因。这要通过充分的调查研究,综合系统内外部因素进行分析,去伪存真,透过表面现象,抓住真正起制约作用的原因。

(7)采取对策。找出偏差的真正原因之后,就可根据偏差的大小、性质以及控制能力等,制订纠偏方案。如果偏差是由于计划目标本身不合理或控制能力有限而造成的,就要通过反馈调整,修改目标;如果偏差是由于执行者执行环节或其他环境因素造成的,就要制订相应的对策,调整执行环节,消除造成偏差的外部因素。

(8)纠正偏差。通过实施纠偏方案,调整输入,纠正系统输出与目标值的偏差。

(9)重复上述步骤。不断地决策、执行、反馈、修正、再决策、再执行、再反馈、再修正,循环往复,逐步逼近目标。

以上步骤,构成了反馈方法的完整程序,具体内容如图6-6所示。

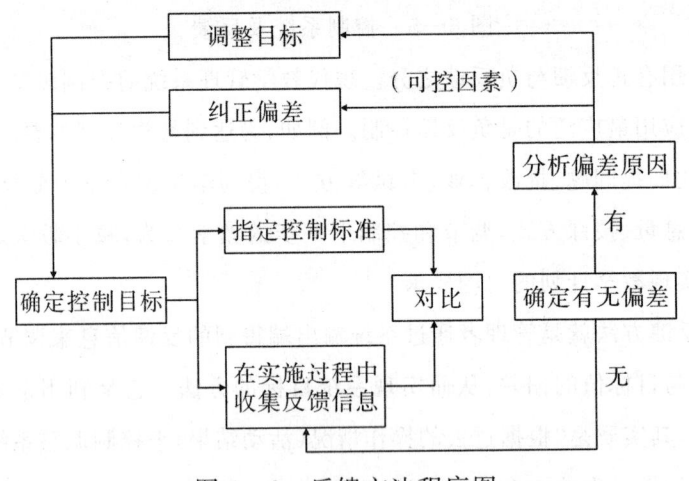

图6-6 反馈方法程序图

反馈方法在教学管理中有着广泛的应用。如教学过程的管理,首先要确定教学计划,确定每年度、每学期、每个教学阶段要达到的教学目标,这些目标值不仅依赖于教学系统本身,而且还依赖于社会的、科学文化的要求。在确定目标后,应选择合理的课堂教学结构,教师经过备课,熟悉教材,将知识内化,通过一定的媒体向学生传授(即输入信息),学生在学习过程中接受知识信息,并在教师的指导下进行知识的加工、整理、存储,最后对所学到的知识(即输出信息)加以运用,教师通过课堂提问、考试和征求意见等对教学效果进行检验,了解学生接受知识的情况和程度,得到反馈信息,将反馈信息与教学目标比较,找出偏差,分析出产生偏差的原因,根据这些原因制订调整教学信息量、改进教学方式等纠偏对策,来调节和控制下一步的教学行动,从而使教学效果逐步趋向于目标值,完成教学计划。同时,学生自己也可以从学习效果的检验中得到反馈信息,修正自己的学习计划,改进学习方法,进行自我调节,配合教师共同达到预定的教学目标,以上过程如图6-7所示。

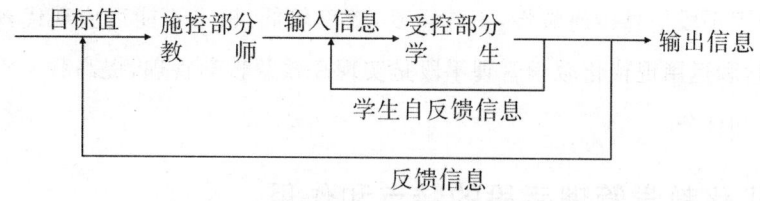

图6-7 教学过程的反馈方法

反馈方法还可有效地用于招生管理工作中。如某专业按计划招生的过程中,根据某地区未来人才需求预测,确定了计算机软件人才扩大招生的控制目标:以招生量150人为基准,连续5年以10%的比率递增;制定的控制标准:上述年递增率要控制在±1%的范围内。计划实施两年后,收集实施结果得到的反馈信息:第一年实际招收了145人,第二年实际招收了130人,出现了招不满计划的情况。实施情况与控制标准进行的对比具体数据如表6-2所示。

表6-2 招生情况

| 年度<br>项目 | 项目控制目标 | 控制标准 | 实施情况 |
| --- | --- | --- | --- |
| 第一年 | 165人 | 164-167人 | 145人 |
| 第二年 | 182人 | 179-182人 | 130人 |

即第一年比计划目标少招了13%(20人),第二年比计划目标少招了29%(52人)。分析产生偏差的原因,如果经过调查分析发现,出现偏差是因为许多单位计算机软件岗位早已被非专业人员占满,使得大学生毕业后无岗可上,只能改行另谋他路,因此影响到生源骤减,应该针对这个原因采取相应对策,如针对上述问题,由地区教育主管部门、劳动人事部门制订并实施《岗位证书》制度,明确规定像计算机软件这样高智能工作岗位必须配备什么学历层次的人才,已在岗位但不符合要求的人员,要退出岗位,这就为毕业生找到了对口岗位,从而为新的生源广开了大门。在采取上述对策,保证生源回升之后,还要针对前两年已经产生的偏差(共少招72人)进一步调整实施计划,纠正偏差,以保证后三年把减少的人数补上来。如果经过调查和分析,发现产生偏差原因是因为本地区计算机软件专业的人才需求已趋于饱和,需求量在逐年减少,那么就应该调整招生控制目标,减少计划招生的人数。通过这样的反馈方法进行调节,使得该专业的招生计划更加合理,人才的培养能更好地适应经济发展的需要。

多维视角下的现代教学管理

# 第四节 现代化教学管理手段

现代化的教学管理以现代化的管理手段为基础,能高效益地保证教学任务的顺利完成。传统的教学管理手段信息传递缓慢,工作重复,效率较低,根本不能适应现代教学管理的需要。因此,探索和运用现代化教学管理手段是实现高效益教学管理,提高教学管理水平和质量的重要内容和任务。

## 一、现代化教学管理手段的特点和作用

现代化教学管理手段是指为实现教学管理目的所采取的先进的科学方法和技术措施,它是现代科学方法和技术在教学管理领域的应用。现代化教学管理手段是实现教学管理科学化、最优化的重要前提和保证,它的作用具有以下两个显著特点。

(一)促进信息资源的有效利用,大大提高教学管理的效率

从信息论的角度来看,教学管理过程实际上是为实现培养目标而不断收集、传递、加工处理和使用信息的过程。在这个过程中,教学管理者通过驾驭伴随着教学及其管理活动而产生的信息流来使教学活动有序地进行,进而实现教学管理的目的。随着科学技术的迅猛发展,教学管理所需的信息数量增多,时效性要求增强,处理难度加大,使得传统的手工信息收集、传递和处理方式难以适应现代教学管理的要求。而运用现代管理科学、信息技术和计算机等现代手段,建立人和计算机相结合的教学管理信息处理系统,便可及时而广泛地收集、高速而准确地处理教学管理信息,高效率地利用信息资源,支持管理者对教学活动做出科学的决策和进行有效的控制,从而大大提高教学管理工作的效率和效益。

(二)提高教学管理的科学化水平,促进教学质量不断提高

现代化教学管理手段为定量分析、系统分析提供了有效的方式。定量分析、系统分析是现代教学管理的重要方法,它依靠全面的信息支持实现科学的管理决策和操作,它所采用的数学模型从数量上明确事物之间各个方面的制约关系及其影响的程度,逻辑严谨,可以避免决策者的主观偏见及感情用事。而现代化教学管理手段使得在手工作业条件下难以实现的数学模型的复杂运算和分析处理成为现实。现代化教学管理手段不仅用于科学计算,还可以对教学管理信息进行深层次的综合性处理,论证各种改革方案和评价改革成果,对方案作出定量分析和综合评判,并选择出最优方案,为决策提供科学的依据。现代化教学管理手段大大提高了教学管理的科学化水平,从而为提高教学质量,培养合格人才提供了重要保证。

## 二、现代化教学管理手段的主要种类

现代化教学管理手段种类由当代科学技术的发展水平所决定,随着时代的变化而不断

变化。从现阶段来说,现代化教学管理手段主要包括常规的教学管理器材、计算机管理教学、教学管理通信和闭路电视系统以及以计算机为基础的人机结合的教学管理信息系统等。

(一)常规教学管理器材

常规教学管理器材指尺规、图表、模型、电子显示板、照相器材、资料柜、卡片箱、打字机、复印机、传真机等用于日常教学管理的各类小型仪器、设备等。常规教学管理器材作为最基本的手段在教学管理中是必不可少的。如利用图表显示教学管理过程网络图、学生考试成绩等,利用模型表现教学场地分布情况,利用资料柜保存、展示教学和教学管理文献、资料,利用电子显示板显示当天的教学状况等。

常规教学管理器材具有以下特点:①形式简单、孤立,各类器材之间一般没有必然联系。②作用单一,每一类器材的作用比较专门化。③操作比较简便,或者是手工操作,或者是简易的机械、电子"傻瓜"式操作。④技术和经济上容易实现,一般价格较便宜,且购置后即可使用。

(二)计算机管理教学

计算机管理教学(Computer Managed Instruction,CMI),是利用计算机管理教学技术来支持教师的教学管理功能,是帮助教师监测、评价和控制调节教学过程,为其提供做出教学决策的重要信息的一种新型手段。计算机管理教学的形式和功能随着其应用范围的不同而多种多样。主要可分为以下四类:

1. 学习监控系统

学习监控系统的作用是监督控制学生的学习进程,保证其最终达到预定的行为目标。通常,学生的学习方式是个别化的。计算机管理教学系统内存储着各种教学方案和一些检测性测验,当学生学习了一些教学单元后,经过检测性测验,计算机管理教学将根据学生的行为(测验结果),提供当前的处方,建议学生采取相应的学习方法,从而使每个学生能循着比较适合自己能力水平的方式和途径进行学习,取得较为理想的教学效果。

2. 课堂信息系统

教师在课堂教学中的任务,除了以适当的方式呈现教学内容之外,主要工作是收集与分析学生的学习情况并做出反应,采取适当的教学对策。利用计算机建立课堂信息系统,收集有关信息,可以提高速度和准确性,从而改善教学效果。

3. 计算机辅助测验

教学过程的最重要的管理工作是通过一定的测试设施检测学生的行为是否符合一定的标准,以决定教学条件的变化。测试设施通常是一些预先设计的问题所组成的各种测验。测试的设计和试卷的生成是需要具有丰富经验的教师花费大量的精力。计算机辅助测验就是利用计算机来辅助测验编制、测验实施、测验评分与分析。这样可以减少每个教师编制与实施测试的繁重劳动,提高测试的可靠性和科学性,也可以通过测试分析提供有关学生与测验的有用信息。

4.教学评价辅助系统

遵循教育评价的调查方法,将调查表格设计成答案标记卡的形式,发给学生做出标记后,送入计算机处理,这是评教评学的一种重要辅助方法。一般根据教学评价的总体方案,建立辅助评价软件系统,进行问卷的自动生成和评分的自动处理分析,得出客观的评价结果,可以大大提高评教评学的效率,使评教评学活动可以全面展开。

(三)教学管理通信和闭路电视系统

教学管理通信和闭路电视系统是指把现代化通信设备和闭路电视应用于教学管理活动的一个管理系统。它通过安装在各主要教室的闭路电视终端,使得教学管理者可以观察和检查正常教学活动的进行,如对课堂教学的效果、教学活动的安排、教学计划的完成情况等进行实时监测,从而得到反馈信息,为教学质量检查分析提供可靠的依据。因此,教学管理通信和闭路电视系统作为一种有效的现代化教学管理手段,以学校教学管理部门为中心,通过上传下达,沟通上至校长、下至系处一级教学管理信息的流通渠道,保证了教学活动信息正确及时地收集和反馈,有效地协调教学活动的进行。

(四)以计算机为基础的教学管理信息系统

教学管理信息系统是由人和计算机等设备组成的人机系统,它通过计算机的高速运算和大容量存贮的功能,对教学管理信息进行收集、传递、存贮、处理和加工,及时准确地向各部门管理者提供有用信息,以支持管理者为实现培养目标而进行科学的决策和有效的控制。现代教学管理信息系统的特点是:具有集中使用的数据库,如学生信息数据库、教师信息数据库等以及能进行实时处理的计算机网络,实现整个教学管理系统内的信息资源共享,并能向管理者提供综合的信息。除此之外,为满足高层管理决策的需要,教学管理信息系统具有足够的数据、多种分析方法及各种管理数学模型,通过计算机仿真,实现复杂的数学模型的求解计算,并通过大量的重复性数据的统计和计算,选择出最优方案,供决策者参考,也就是所谓的决策支持系统。高效能的教学管理信息系统将是一个强有力的教学管理决策支持系统。

教学管理信息系统几乎适用于教学管理的全部范围,它包括:教学计划管理、教学过程管理、教学质量管理、师资管理、学籍管理、教学场地器材管理、教学行政事务管理等。

## 三、现代化教学管理手段运用的一般方法

现代化教学管理手段是为高效实现教学管理目的而采取的先进技术和措施,而实际的教学管理情况千差万别,如何根据具体需要选择合适的管理手段?怎样设计和使用具体的手段?一般来说难有统一的结论。故只能对一些基本的、共性的方面作出描述。现代化教学管理手段运用的一般方法和步骤如下:

(一)明确需要,确定目标

明确需要,确定目标,就是要弄清教学管理实际的需要,确定教学管理手段辅助教学管理的辅助目标。教学管理手段是根据教学管理工作的客观要求而采用的特定技术措施,使用教学管理手段的目的是为了提高教学管理的效率和科学化水平。因此要从教学管理的实际需要出发,来确定教学管理手段的辅助目标,进而确定手段的形式。弄清教学管理的实际需要,一要明确教学管理的目的;二要了解教学管理的现实背景;三要把握管理操作中存在的具体问题,在此基础上确定所需要采用一定的技术手段来辅助管理的基本目标。

(二)手段的选择和论证

根据已确定的教学管理手段辅助目标进行调查研究,初步选择手段形式,并进行可行性分析。

进行调查研究:一是进一步分析教学管理手段辅助目标,可以进行适当的分解和分类;二是对现有教学管理手段进行调查分析,了解其功能特点,并与辅助目标相比较;三是根据前两步分析比较结果,结合当前科学技术手段的发展情况,确定可能的教学管理手段。

科学性分析论证,即对选择的教学管理手段进行可行性研究,包括技术可行性和经济可行性。技术可行性指在目前科学技术条件下是否可以实现,主要是是否可以形成方便实用的教学管理具体操作手段。经济可行性指经费、物资保障方面是否具备基本条件,或者分阶段可以实现的条件,这是设计和运用教学管理手段的必要条件。

(三)手段的全面设计

在确定了手段的基本形式,并经论证可行后,主要的工作就是进行手段的全面设计,包括手段功能的设计、手段结构的设计和手段操作的设计。

(1)手段功能的设计:主要是从运用的角度,来设计系统应具备的功能。功能设计的基本依据是手段的辅助目标,根据目标及其分解结果确定具体功能。如教学管理中常用的教学过程管理网络图,主要用网络图来示意,"示意"就是网络图的辅助目标,为了达到这一目标,网络图应具有灯光显示、组合变换、调整变化等基本功能。

(2)手段结构的设计:是从手段本身来设计手段的内部结构,包括硬件结构、软件结构等。硬件结构指手段的物质条件方面,软件结构指手段的内部信息组织方面。教学管理中,有些手段无论结构、功能都比较简单,如文件柜、卡片箱等常规性教学管理器材,而有些则比较复杂,如通信和闭路电视系统、教学管理信息系统等。因此结构的设计是教学管理手段全面设计的重要内容。例如,上述教学过程管理网络图的硬件结构就是最终形成的网络图的显示灯、显示板的布局,软件结构即教学过程管理各阶段、各环节的安排和内部关系结构。计算机辅助教学管理的硬件结构就是计算机硬件设备,软件结构即计算机程序等。

(3)手段操作的设计:指运用教学管理手段辅助教学管理的实际操作步骤和程序的设计。具体包括在何种条件下、由何人、如何具体操作、如何与其他管理方法手段配合等具体的规范或程序规定等。通过操作设计,保证手段运用的正确、规范、实用。

(四)手段的实现

手段的实现指将手段的设计转变为实际手段的过程,主要包括购置硬件设备、编写具体软件和安装调试等。如教学过程管理网络图的实现:

(1)购买显示灯、显示板、拼图板等。

(2)将过程管理的网络结构具体化到每个节点和箭线。

(3)进行安装、调整、测试,经过以上基本步骤,使"设计蓝图"成为一个现实可用的物质手段。

(五)操作与维护

根据教学管理的实际需要和手段的操作规范,具体操作运用,辅助进行教学管理,提高教学管理的效率和质量,并在使用的过程中,注意经常的维护,以保证手段处于良好的状态。

(六)评价和反馈

在教学管理过程中,对手段使用的状态和效果进行检查评价,以掌握教学管理手段及其应用的真实情况,为改进提高提供可靠依据。检查评价的内容包括两方面,一方面,手段本身的合理性、规范性、操作简易性、先进性、质量和艺术性等;另一方面,手段对管理活动的针对性、辅助有效性等。通过过程评价和终结评价相结合,设计者评价和使用者评价相结合等方法,得出准确可靠的评价结果并进行及时反馈。反馈的目的:一是调整下一步的使用;二是进行手段的改进、完善,促使手段更加适应教学管理的需要,充分发挥其辅助作用,确保提高教学管理的效率和质量。

# 第七章 教育教学创新管理

## 第一节 传承与创新

创新既是一种思想又是一种实践,是在创新思想指导下的实践,是一种原则以及在这种原则指导下的具体活动,这是管理的一种基本职能。为适应系统内外变化而进行的局部和全局的调整,便是管理的创新职能。可见,管理具有维持与创新两种职能,校长的管理能力要由这两种职能来体现。校长应该高度关注学校成员的创新举措,对创新的动力、优势和不足进行科学的分析和研究,对创新的机制以及所蕴含的理念进行科学的提炼,在此基础上对创新举措进一步加以完善。这是一种从实际出发,实事求是的精神。

学校管理是一种教育管理,是以育人为中心的管理。学校管理创新成果要以教育和管理理论为依据,创造性地以科学理论为指导,反映先进的教育教学和管理理论。中小学管理要反思与改革的方面很多,包括办学思路、组织机构、管理方式方法、管理模式、管理制度等。

### 一、强化质量意识,优化教学管理,切实提高教学质量

学校好不好,关键看教学,教学质量是学校的生命线。学校的教学管理工作是所有管理工作的重中之重,是学校管理工作的集中体现。中小学教育必须始终坚持教学的中心地位不动摇。校长或分管副校长必须紧抓教育教学质量,培养全体教职工的质量意识。校长、副校长要积极参与相关年级组、备课组的活动,切实帮助教师提高教学研究、教学设计和课堂组织的质量;走进课堂,主动听课、评课,帮助教师发现问题,分析问题,与教师一起研究和改进教学方式、教学手段;走近学生,倾听学生意见,了解学生的学习能力,分析学生自身的特点,力求因材施教,确立学生的学习主体地位。

教学管理也涉及多个方面,如班级划分、教室布局、课程安排、教师搭配、教学仪器和教学辅助人员配置等。师生互动是提高教学质量的关键,随着多媒体教学的推广,实验教学的开展,教师在课堂上如果有人协助效果会更好。开设选修课已经在众多学校成为现实,但如何规范和提高质量还在持续探索之中。一些学校针对本校学生的情况,调整课程结构,同样取得了可喜的成绩。如农村中学针对升学率低,不少学生毕业即就业的情况,增设了农业科技类、职业培训类课程。再如,一些非重点中学针对学生文化课成绩低的情况,提出了"合格+特长"的培养思路,即在保证文化课合格的条件下,注意挖掘学生潜能和因材施教,培养了

一大批艺术特长生、体育特长生和技术人才后备军。

## 二、以生为本,加强和完善教育服务与支持体系

在一定意义上,学校就是公共服务部门,它的服务对象就是学生。根据服务部门以顾客为导向的理念,学校也应该以学生为导向,为学生提供更好的服务。而根据现代企业服务理念,好的服务意味着更全面、更人性化、更个性化,这种理念值得学校借鉴。对于有行为偏差的学生,应该进行治疗和康复方面的帮助,而不是进行惩罚。在发达国家,学校里除了专职教师,还有不少专业人员或教育教学辅助人员。许多中学设有为学生提供特别支持的中心,如特殊帮助中心;行为矫正中心,负责帮助行为存在过错的学生;语言帮助中心,负责帮助英语水平较差的学生,主要是母语非英语的学生。学校可以招募志愿者,对有特殊需要的学生实行"一对一"的帮助,可以让大学实习生做任课教师的助教和学生的专职辅导员。在学校招聘新教工时,同等条件下可优先录取在本校实习的大学生、研究生。学校的一切管理都要充分听取学生的意见和建议,使学生的要求要能得到迅速反映和解决。学校的后勤服务更要以生为本,充分体现人性化。如食堂饭菜应针对学生的身体发育情况科学搭配,提倡健康饮食,而不过多追求利润。学生宿舍应注意保护学生隐私,图书馆、实验室、语音室应对学生全天开放。

## 三、激活教育教学研究,促进教师与学生共同发展

实践需要科学理论的指导,而科学理论又来自于对实践的研究。21世纪,中小学教师面临的学生、教材、教学手段等发生了很大的变化,而且这种变化会不断继续下去,教师如果不能对这些新情况、新问题进行分析和研究,往往就不能适应教育发展的需要。教育教学研究是教师职业发展的必然要求,只有研究型的教师才能成长为优秀的教师。同样,只有研究型的教师才能更好地做到因材施教、因时施教,从而促进学生学习能力的提高和个体的成长。在管理和指导教师进行教育教学研究时要特别注意以下三点:

(1)研究课题应该由教师根据自己的教育教学实践来确定,应该立足于解决实践中的具体问题。因此,要杜绝统一化、空泛化,可以多采用案例研究的方法和实验的方法。

(2)研究小组应该由教师自由组合,要鼓励跨年级、跨学科、跨部门的组合。不同学科背景的人在一起研究问题往往会产生意想不到的结果,况且教学法是可以互相借鉴的,教育管理经验是可以互相学习交流的。

(3)校长要多指导,多服务,少强制,少命令。教师的研究能力、研究兴趣和时间、精力都不完全一样,因此不应该强制要求,硬性规定。学校应该多鼓励,多提倡,积极引导,出台奖励措施、激励政策。学校要多请专家进行指导,有条件的还可以和大学、研究机构、教研室等联合进行课题研究,如一起申报课题,承担相关子课题或成立研究试验基地。

## 四、推进管理体制与机制改革,探索中小学全新的管理模式

在当今中国,中小学不仅有公办的,还有民办的和合作的;不仅有初级中学、高级中学、职业中学、特殊教育中学,还有完全中学、综合学校(小学加中学的十二年一贯制学校)和教育集体(由多所学校或分校联合组成)。因此,许多学校为了改革原有的单一管理体制,进行了许多新尝试,涉及学校的方方面面,如学校董事会、校务委员会、教师聘任制、教师租赁制、上岗竞聘制、绩效工资制、后勤社会化等。一些规模比较大的完全中学设有初中部和高中部以及总务部或后勤部,分别由一位副校长负责,初中部和高中部还分别设有办公室、教务处、政教处等。一些民办学校,在董事会之下只设一名校长,不设副校长,而设若干校长助理,安排其分别协助校长管理学校某一方面的工作。

另外一种管理改革尝试是在学校引入ISO9000质量管理体系标准。其核心就是把质量管理由传统的对结果或产品的评估转变为对过程实施的控制。要求对影响质量的各个环节进行监测、纠错、反馈、修正,以保证每一个过程的质量管理都在严格的监控之下进行。ISO9000体系以"质量目标"为动力,始终将人本管理与文本管理相结合,始终坚持持续改进,螺旋式上升,遵循"没有最好,只有更好"的发展理念。每所学校都必须根据ISO9000体系的20个质量要素,结合实际情况,建立一套适合的、非常具体且可操作的文件作质量管理体系。例如,要将学校内部管理规范化、程序化和标准化,形成三个层次的文件体系,即《质量手册》《程序文件》和《作业文件》(含记录表格)。教育管理ISO认证对于确立教职工的质量观念,增强学生信心,提高学校管理水平和管理效益具有推动作用。但是,对它的应用方向、评价指标等还有许多有待探讨的问题。

## 五、办学策略的几种范式与案例

好的办学策略能使校长的工作收到事半功倍的效果。办学策略是校长智慧、领导水平的体现。办学策略范式会为即将或已经踏上校长工作之旅的人们引路,照明。

(一)延续式

1. 延续式办学策略的内涵

延续式办学策略是指在学校办学状况良好而校长出现更替时,新任校长了解、适应原有环境,继续沿用已有的办学策略而实施管理的一种方法。它不仅维护了学校的稳定,而且使学校在原有基础上保持了继续发展。

2. 延续式办学策略的适用条件

(1)学校原有策略基本完善,实践有效:学校办学目标、实施途径、方法清晰且系统,经过近年实践有效性较高,得到了师生员工的认同。

(2)学校办学状况良好,发展呈上升趋势:如果学校处于发展上升的阶段,员工士气较

高,办学成效较突出,社会声誉不断提高,那么就应选择延续式策略。

(3)新任领导者尚未形成完整的办学策略:如果新任校长缺乏对学校的了解或缺乏办学经验,短时间内难以完成对学校办学策略的个性化设计,那么就不妨延续学校的原有策略。

(4)前任领导者影响力较强:前任校长因管理水平、能力、人格等因素在校内外享有较高威信,可借其影响力的惯性,采取延续式办学策略。

### (二)反差式

#### 1.反差式办学策略的内涵

反差式办学策略是指在人们习惯的原有办学模式、管理方式的背景下,为了实现学校新的发展,学校管理者选择的与原有办学策略有较大反差,足以引起组织成员激烈震动并调整自己行为以适应新要求的一种办学策略。

#### 2.反差式办学策略的适用条件

原有办学策略在实现办学目标的过程中有效性减弱,甚至影响了学校的发展,因而要改变原有策略,并采取与其反差较大的措施和方法;学校组织气氛低迷或校风不正,须要调整;学校群体凝聚力下降,士气低落,工作作风懒散,原有管理方式无法改变现状;原有管理策略已脱离学校实际,失去群众基础,或者造成了干群关系紧张的局面,此种情境下的学校管理者选择反差式办学策略是容易见效的;学校管理状况与管理者资历、管理风格差异较大;如果沿用前任的方式、方法,很难走出新的发展之路,甚至无法控制局面,新任校长可反其道而行之,采取适于自己的新策略。反差式可能会帮助新任管理者走出新路;学校管理者有控制学校正常运转的能力;反差式策略的主要作用在于打破原有平衡,引起学校全体成员的心理震动,使学校发生变革。这就要求学校管理者具有较强的管理能力和对学校发展趋势的把握能力。新策略的运用要控制在学校有调整震动但工作运行稳定的范围内。

### (三)点突破式

#### 1.点突破式办学策略的内涵

面临诸多问题时,学校领导可选择其中的某一个作为突破口,先行加以解决。在调查分析学校现状,确定完学校办学目标之后,领导者可根据环境和机遇及自身优势,选择对全局起关键作用、用时少、见效快的某一环节作为突破口,先行实施取得成效,以此促进学校的整体发展。

#### 2.点突破式办学策略的适用条件

突破点的选择是建立在对学校深入分析的基础上的,校长对学校的全面调查、科学分析、整体把握是运用此策略、选准突破点的基础;利用学校的内外环境选取突破点,任何问题的解决都需要外部条件作为基础,突破点的选择应是校长能解决的问题,即"一炮打响"。因此,所选的突破点问题必须具有得以解决的良好环境或者机遇,也就是具有解决的迫切需求,或具有解决的良好条件。另外,学校领导者对突破点问题的解决必须具有自身优势。如具有一定的学校管理经验,且管理能力较强。

### (四)分步推进式

**1.分布推进式办学策略的内涵**

学校确立了整体办学目标后,要将其分解成若干层次目标。在实施的过程中,再把若干层次目标转化为有序的阶段性行动步骤,每阶段构成一个管理运行周期。连续的循环管理运行过程的完成就是学校办学目标的实施过程。

**2.分步推进式办学策略的适用条件**

(1)分步推进式办学策略必须以校长对学校的整体发展设计为前提:校长必须对学校的总体办学目标思考论证清楚,形成学校发展的一条主线,才能使发展的不同阶段不偏离方向。

(2)分步推进式策略的应用,需要学校有一个较稳定的环境:这一策略的完成周期较长,对学校而言,一般少则三五年,多则十几年。它需要校长任职的稳定及社会环境、校内环境的相对稳定,同时符合学校教育发展的客观规律。

(3)分步推进式策略的每一个阶段步骤都要有相对完整的独立设计:从阶段目标到实施方式、成果价值的鉴定,都有不同于其他阶段的特点。这种特殊性只有在谋划时有清晰的界定,行动时才会具有可行性、可操作性,才可能更有效。分步实施时要形成完整的运行周期。

(4)分步推进的关键在于分步的设计:阶段与阶段之间的递进、渐进性如何保证,系统要素、组织形式、时间的安排等这些技术性问题的解决,也是制约此策略的因素。这些都是策略择定中应加以研究的问题。

### (五)跨越式

**1.跨越式办学策略的内涵**

当学校面临复杂、难以解决的问题时,学校领导者可暂时越过这一问题,选择符合社会、教育发展趋势,容易引起干部、教师关注并具有解决优势的问题进行突破,从而超越难点,获得新的发展。

**2.跨越式办学策略的适用条件**

学校领导者面临的问题是短时间内不易解决的,或者其不具备解决该问题的优势,则这类问题可以越过去,暂不解决;新设定的办学目标应能引起学校成员的重视,并可以促使其愿意为之而努力。其新颖性、价值性超过尚未解决的老问题,足以振奋精神,凝聚人心;实施的新目标、新措施必须具有成功的把握,同时学校管理者能驾驭新策略的实施。

### (六)抑扬式

**1.抑扬式办学策略的内涵**

当校长面临久未解决的问题时可运用超常规的手段使问题人意识到问题的严重性,按学校要求调整自身行为,以适应学校发展。当这些员工调整行为达到理想状态时再对其加以肯定,以强化其新的行为方式,通过先抑后扬的过程使问题得到解决。

2.抑扬式办学策略的适用条件

校长所面临的问题确实是严重而久未解决的,不用超常规手段无法改变现状,这时采取抑扬式的策略是必要的。运用此种策略时要注意:①"抑"时程度要适宜、适度,既可令其改变,又要留有余地;既要让其感到压力,又要让其看到希望,明确调整途径。②"扬"时要适时、适度,切不可过度,让其忘乎所以,又恢复原始状态;也不可让其丧失信心,破罐破摔。一般情况下,"扬"的程度应低于"抑"的程度。

# 第二节　创新教育与素质教育

新的教育体制下,教师的地位发生了翻天覆地的变化。教师不再是高高在上的权威者,从人的角度来审视,教师与学生作为社会中的一员,都是有着独立思想的个体,因而,教师与学生之间是平等的。孩子虽小,但作为社会中独立存在的一员,他也有自己的主意与思想。只有切切实实把学生当作一个个独立的平等的"人"来看待,尊重孩子的思想,重视孩子的意愿,从每一件细枝末节的小事上平等地对待学生,才是对"平等"二字的真正诠释。

在深化教育改革,全面推进素质教育的新形势下,"创新教育"又成为广大教育工作者关注的一个热点。国家关于教育的相关政策指出,"实施素质教育就是全面贯彻党的教育方针,以提高国民素质为根本宗旨,以培养学生的创新精神和实践能力为重点,造就德、智、体、美、劳全面发展的社会主义事业建设者和接班人。"那么,为什么要把培养学生的创新精神和实践能力作为实施素质教育的重点,学校教育如何落实,学校管理如何适应,怎样确保素质教育扎扎实实地实施呢?

## 一、创新与创新教育

创新是一个民族、一个国家发展的动力,创新素质是人才素质中最重要、最根本的素质。

我们必须把创新作为引领发展的第一动力,把人才作为支撑发展的第一资源,把创新摆在国家发展全局的核心位置,不断推进理论创新、制度创新、科技创新、文化创新等各方面创新,让创新贯穿党和国家的一切工作,让创新在全社会蔚然成风。

这些论述,高瞻远瞩、深刻地阐明了创新教育的重要意义:创新教育是时代发展,实现现代化,增强综合国力,使中国在未来全球竞争中立于不败之地的需要;是提高全民族素质的需要;是实施素质教育的需要,也是素质教育的核心内容。

## 二、创新教育及其特点

何谓"创新教育"?创新教育是指以培养人的创新精神和创新能力为基本价值取向的教

育,包括对创新意识、创新精神、创新能力和创新个性的培养。创新教育不仅是教育方法和教育内容的革新,也不局限于在操作层面上搞点小发明、小创造和学科教学中的创新思维能力的培养,而且是教育功能的重新定位,带有全局性、结构性的教育革新和对教育发展的价值追求,是新时代背景下教育发展的方向。创新教育的重点是营造适宜于创新人才成长的土壤和环境,学校应成为培养创新精神和创新人才成长的摇篮。

创新教育是一种超越式的教育:在价值取向上,传统教育坚持以追求传统文化的辉煌成就及其历史价值的"昨天"教育价值观,培养的是知识"复制型"人才;创新教育坚持以知识创新,有所发现、发明、创造,追求理想与成功的"明天"教育价值观,培养的是"创新型"人才。从这个意义上说,创新教育是对已有文明的超越,作为自身的社会最高价值追求的超越式教育。创新教育是一种主体性极强的教育。

创新教育是追求个性优化发展,即健全的人格。它强调人格的完善性与独特性,坚持正确的人生观、世界观和价值观,坚持个人价值和社会责任心的统一,坚持勇于探索、不断进取的科学精神,不随大流的独立品质,团结合作而又富有竞争力,博采众长而又独树一帜的胸怀,创新教育是一种追求健全人格的教育。

## 三、创新教育与素质教育的关系

创新教育不是离开素质教育另搞一套,而是与素质教育相一致的。首先,是目标的一致。创新教育与素质教育都是为了提高全民族的素质,提高全民族的创新精神,适应社会主义现代化建设和全球竞争的需要。其次,是发展方向的一致。创新教育和素质教育都是我国教育现代化进程中的必然阶段。教育现代化关键是人的现代化,现代人的培养离不开素质教育和创新教育,现代人必须具有创新精神和创新能力。素质教育是创新教育的基础,只有在素质全面发展的基础上,才能形成创新意识、创新精神和创新能力,才能形成人类本质最高体现的创新素质。因此,创新教育不仅是素质教育的核心,而且把素质推上一个新台阶、新突破口,是高层次的素质教育。

## 四、创新教育的素质目标

创新教育的目标包括创新精神、创新能力和创新个性,它们构成了创新教育的素质目标体系。

(1)创新精神。包含创新意识(追求创新的自觉性)和创新理想(追求自我与社会发展一致的最高价值与成功),它与创新智慧能力都属于创新能力的内在品质。

(2)创新能力。包含创新智慧能力和创新实践能力。创新智慧能力主要包括洞察力(敏锐地观察发现问题和提出问题的能力)、想象力(对已有的表象加工创造新形象的能力)、敏捷力(深刻、灵活、独到、批判的思维能力)、超常力(超越常态的思考力)、应变力(对变化的形势灵活应对的能力)和预见力(能预先料到将来的见识能力)等；创新实践能力，即创新操作能力，包括动脑、动手、动眼、动嘴、动耳的能力，技术操作能力，试验实验能力，时空调控和自我调控的能力等，它属于创新能力的外显行为。创新实践能力至关重要，实践是创新的基础，又是检验创新的唯一标准，没有创造性的实践就没有真正意义的创新。

(3)创新个性。创新教育是以人为本的教育，其核心是培养学生的创新个性，使其成为创新人才。创新个性包括创新精神，也包括创新的人格特征，如独特的个性，较强的独立行为，敢冒风险不怕失败的意志品质以及生存和发展的能力等。创新教育的素质目标是通过教育和环境的影响，引导学生将其主动内化为素质，外化为行为，优化为个性，朝着创新人才的目标发展。

## 五、强化管理的信息化

信息化是当今社会各行各业发展的必然趋势，教育信息化在中国得到了飞速发展，学校管理信息化是教育信息化的重要组成部分。信息与通信技术的日新月异、计算机的普及与因特网的迅猛发展正冲击着学校管理原有的形式和职能，改变着学校的管理方式和管理手段。学校的日常管理，包括教学管理、学生管理、图书管理、后勤管理、人事管理等，都须要根据信息化的要求重新调整部门分工，划定工作权限，规范业务流程。学校的管理信息化包括办公自动化、部门管理信息系统、校长决策支持系统、校园一卡通等方面。

学校的管理信息化工作要遵循"统筹规划，适当超前"的原则积极推进，不断完善。目前的主要工作包含以下四个方面的内容。

### (一)校园网的建设与管理

校园网是管理信息化的基础，它将为教学管理、信息发布、信息交流、无纸化办公等提供平台。每一所学校都建立自己的校园网其实并不实际，因为这样不仅会造成人力、物力的浪费，而且不利于学校之间的相互交流和资源共享。因此，在不少发达国家是由网络公司为学校建立网络平台，同一区域的学校共用一个平台。这样，不仅没有弱化校园网的作用，而且网络资源和服务内容更加丰富，服务水平和质量更有保证，同时促进了学校之间的交流。

校园网建设的目的应该是为教师和学生服务。校园网可以成为校务公开的重要媒介，可以成为学生与教师，教师与管理人员，家长与学校等重要的交流平台，还可以成为学校宣传自己，让社会了解自己的重要途径。

校园网的日常管理也很重要，不仅要确保网络正常运转和各种工具的正常使用，还要监控和消除有害信息，建设绿色网络。

### (二)管理信息系统的运用

管理信息系统主要是通过先进的信息处理技术来辅助管理，从而提高管理效率和管理水平。它可以提供分析、计划、预测、控制等方面的综合信息，可以帮助管理者对一些重要信息，特别是数据进行技术处理。办公自动化系统使管理者之间的沟通更加方便，更加迅速，基于网络的支持使远距离、多点办公成为可能。

最基本的管理信息系统可以提供信息下载与上传功能，如发布通知、公告、即时新闻、动态消息和各种数据、资料和表格，进行网上公示等；可以提供信息查询功能，如查询学生成绩、教师资料、学校的日程安排和规章制度，了解学校近期的重要活动等；可以提供电子邮箱，方便师生交流；也可设立校长信箱、纪委信箱、心理咨询信箱、师德投诉信箱等保护师生权利，收集信息。在更多的技术支持下，管理信息系统还可以提供网上选课、网上评教、民意调查、即时聊天、个人博客、视频会议、全程监控、安全监控、网络广播、网络电视等服务。

校长决策支持系统作为管理信息系统的发展，将为校长提供决策理论、知识系统、专家系统和案例系统四个版块的帮助，促进校长的科学决策。此外，还有不少专业化的管理信息系统可以方便学校的管理，如学生学籍管理系统、教学管理系统、人事管理系统、财务管理系统、校园一卡通管理系统、仪器设备管理系统和图书资料管理系统等。

学校应拥有一个共享的、基础性和公益性的信息资源库，为电子政务和办公自动化奠定基础。学校应运用一套集成的、综合的管理信息系统，这样可以便于各个部门之间进行信息共享和交换。在管理软件方面，学校不仅要注意适用性和兼容性，还应该根据本校实际向软件开发设计公司提出具体要求，甚至让软件开发设计公司为本校量身定做。

（三）相关规章制度的建立和完善

管理信息化必须有相关的规章制度进行规范和保障。学校要对校园网的使用、管理和工作人员的岗位职责做出详细的规定，为教师、学生等使用者制定使用规范。同时，学校要根据管理信息化的特点和要求重新确定各项日常管理程序、方式和方法，做到工作规范化、程序标准化。此外，学校要严格执行国家的相关法律法规，注意保护师生的合法权益和个人隐私，特别是要注意保密工作，防止泄密事件的发生。

管理信息化不仅仅是管理技术的革新和管理手段的进步，更是管理理念的创新和管理模式的重构与优化。因此，有必要以规章制度的形式对新的管理理念、管理模式等加以确定和规范，使之深入人心。

（四）人员的配置与培训

校园网建立及各种管理信息系统的使用要配置必要的技术人员，可以由计算机技术方面的专业教师兼任，也可以配置专职人员，要根据每所学校的实际需要而定。重大技术问题的解决和强大的技术支持一般要由专门的公司来负责，但对日常的管理者和使用者也都要进行培训。特别是在一套新的管理软件系统准备运用时，培训是非常必要的。学校应该有专门的经费用于培训管理人员，以充分发挥管理信息系统的功能，提高管理效率。校长应该在使用管理信息系统方面发挥示范作用，积极学习和掌握使用方法，并和教职工互相学习，共同提高。

# 第三节 教育的以人为本

管理理论的中心问题是关于人的问题,管理学中最核心的部分——组织理论、制度建设、激励方式、领导方法等无不是关于人的学问。人在管理活动中的地位决定了管理知识中最重要的是关于人的知识。

学校作为一个以培养人才为目标的特殊组织,其管理主体、客体(服务对象)和目的输出都是人,可以说是一个"人——人——人"的系统,通过管理主体的人(教师),对既是管理客体也是管理主体的人(学生)进行教育和管理,最后达到培养人、发展人的目标。显然,这是把人的要素作为管理的首要因素和本质因素了。目前,"以人为本"已成为中小学的一个重要理念,我们的校长只要谈起办学理念,就都离不开这个概念。

## 一、以人为本管理理念的追溯

谈到以人为本,可能有人首先想到的是一句广告语:"科技以人为本。"实际上,以人为本并不是"舶来品",早在春秋战国时期孟子就提出了"民为邦本,本固邦宁""民为贵,社稷次之,君为轻"的思想,而管仲更在《管子·霸言》中直接写道:"夫霸王之所始也,以人为本。本理则国固,本乱则国危。"这是首次在文字上提出了"以人为本"的理念。在其后的2000多年里,围绕"以人为本"的理念,出现了诸多相关理论和论述。比如唐太宗就说过,"国以人为本""治天下者,以人为本"等。

在西方,"以人为本"的理念也不是一种新思想,希腊智者普罗泰戈拉就曾说过:"人是万物的尺度。"这句话被公认为"以人为本"思想的最早表述。14世纪,人本主义思潮在意大利流行,后影响到英国、法国。当时法国启蒙思想家爱尔维修和卢梭在人本思潮的氛围下曾提出了"以人为本"的教育主张。到20世纪20年代末,美国哈佛大学教授梅奥主持了著名的"霍桑工厂实验"后,围绕"社会人"的人性假设开始倡导"以人为导向"的管理理念,从而第一次在企业管理科学上明确了人在管理中的重要地位,此后,在行为(管理)科学中一直把人放在管理工作的中心位置。20世纪60年代,众多学者对人性和人的需求的探索和呼吁使西方社会对人性、人的需求和管理的关联性更加关注,明确提出了"以人为本"的管理理念。

## 二、正确认知以人为本管理的基本内涵

企业中人本管理的哲学内涵和理想追求是:"通过以人为本的企业管理活动和尽可能少的消耗获取尽可能多的产出的实践,来锻炼人的意志、脑力、智力和体力,通过竞争性的生产经营活动,达到完善人的意志和品格,提高人的智力,增强人的体力,使人获得超越生存需要的更为全面的自由发展。"

在我国，众多企业倡导以人为本，开展了一系列改革。与此同时，对于以人为本管理理念的疑惑、否定之词也层出不穷。有人认为，以人为本是不切实际的；也有人认为，以人为本就是迁就员工，与讲究科学的、严谨的、规范的管理是相矛盾的；还有人认为，以人为本只有在员工有着良好素质的基础上才能做到，否则还是不切实际的，只能白白给员工一个不用服从管理的借口；更有人认为，以人为本的管理只是空洞的口号。

其实，这些消极的误解反映了人们对以人为本的管理在认识上的偏差：①将以人为本当作管理工作中的一个单独项目，而不是一种指导管理工作变革的战略思想。②简单地从字面上把以人为本视为尊重、重视、真诚、友好的意思，忽视了倡导和开展以人为本管理的根本目的。③容易将管理学名著上知名企业的策略、方法、措施和案例作为标准，忽视了本企业的实际情况，简单借鉴甚至照搬西方企业的管理模式。

显然，以人为本中的"人"的含义是须要甄别的，因为其内涵是随着所在场域的变化而变化的。教育视野下的"以人为本"是怎样一种情形呢？学校不同于企业，学校不是生产统一规格的产品，它要培养的是人。学校发展中的以人为本就是确立人在管理过程中的主导地位，使学校成员在工作、学习过程中，在进行管理和接受管理的同时，身心、能力、知识等素养得到发展，调动人的积极性、创造性，有效融师生员工的成功感和幸福感，使学校成员的创造潜能得到极大的发挥。

## 三、以人为本与相关管理概念的比较

如果有可能审读中小学校长的办学方案，或许每一份方案都提出了要"以人为本"。但对于"以人为本"，校长们却各有各的理解，并由此派生出各不相同的管理措施。而且，中小学实施的"以人为本"的管理，大多只阐述思想政治工作，对于管理机制等的构建则少有论及。似乎"以人为本"与前几年提倡的"法治管理"是没有联系的"异类"，似乎只与传统的"德治管理"一脉相承，有的人甚至将其与"人治管理"混同。因此，将这些概念加以比较，希望有助于大家理清概念，形成正确的认识与理解。

### （一）以人为本与人治管理

"以人为本"和"人治管理"都强调"人"在管理中的重要地位，人们很容易将两者相比附。实际上，它们有本质的区别。"以人为本"是现代重要的哲学理念，也是现代管理重要的理论依据，而"人治管理"是传统管理遗留下来的管理理念，两者的不同表现为三个方面：

（1）所指的"人"有多元与一元之别。"以人为本"明确指出人的作用乃是管理的根本。这是将"人"与其他管理要素，如财、物、信息等管理的作用相比较，得出的重要结论。"以人为本"所说的"人"是多元的，既包括管理者，也包括被管理者，还包括管理的人文环境。就学校管理而言，"以人为本"涉及的"人"有学校领导、教职工、学生，还有家长、社区群众等，这些人对学校管理的质量都有重要的影响。明智的校长都懂得，没有钱固然难以办好学校，但仅有钱而没有得力的人,肯定也办不好学校。至于其他教育资源,无一不需要各方人士来"盘活"。所以,学校管理必须"以人为本"。而"人治管理"所强调的"人",则主要是指管理者,他是一元的。在历史上,"人治管理"几乎专指统治者,其重要作用,最典型的表述莫过于所谓"人存政举,人亡政息",极端强调统治者对管理质量的决定性作用。至于被管理者,在"人治管理"中是没有地位的。

(2)有目的与手段的不同。"以人为本"注重促进管理中"人"的发展,认为这既是管理的手段,也是管理的目的。人的能动性和才干是管理目标实现的重要保障,这是称其为"手段"的原因。现代"以人为本"的管理还认为,通过管理实践也应使"人"自身得到发展,并指出这是管理的重要目的之一。当前大力推进的课程改革,在课程管理上突出了促进人发展的思想,这集中体现在课程评价制度的改革上,它要求逐渐淡化评价的淘汰功能,强化评价制度促进学校、教师和学生共同发展的功能,鲜明地体现了"以人为本"的思想。人的发展既被视为管理的手段,又被视为管理的目的。"人治管理"则不然,它强调发挥人的作用,旨在实现管理目标,其功能纯粹是管理的手段。历史上有些较开明的政治家,经常告诫统治者和被统治者应当以修身为本,认为这是长治久安之策。这固然有限制统治者贪欲膨胀的一面,但它从不负有塑造人的责任,即使造就了明君贤臣,那也只是为了保证实现统治阶级的长远利益。显然,这种举措的意图决定了"人治管理"所实施的调动人的积极性、教育人等诸方面的活动,其性质无法突破"手段"的范畴。

(3)在管理理论体系中具有不同的地位。"以人为本"是高于"人治管理"的上位概念,它是一种哲学思想;而"人治管理"是一种管理主张,两者处于不同的认知层面。

## (二)以人为本与法治管理

"以人为本"重视的是"人",而"法治管理"重视的是"法"。依常理,这两者似乎是迥然有别的,也可能正是受这种思路的影响,人们在接受"以人为本"管理理念的同时,常常自觉不自觉地淡化了"法治管理"。

"法治管理"经历了古代、近代与现代三个发展阶段,不论在哪个阶段,"法治管理"的经典理论都渗透着"以人为本"的人文精神。而且,历史上成功的"法治管理"实践都得益于运用法律手段有效地管理了"人"。韩非是我国先秦法家的集大成者,他认为法治的重要作用在于能够"明公私之分",所谓"立法令者,以废私也,法令行而私道废矣",希望借法令来统一天下人的行为。其中包括限制统治者以一己的私意来管理国家政事,还包括"一人心",即以统一的法令来管束人心,维护大一统的政体。显然,先秦法家倡导的法治管理,其中心在于管理"人"。韩非还直接以"人情"为依据,论证了法治管理的合理性。他说:"凡治天下,必因人情,人情有好恶,故赏罚可用则禁令可立,而治道俱矣。"我国先秦法家认为,趋利避害是人之常情,善用赏罚的法治管理被视为顺乎人情的有效管理方法。秦同样采用法家的主张,"因人情,明赏罚",凝聚了民众的力量,提高了施政效能,增强了国力,一举灭六国而统一天下。但是,立国之后,秦王朝违背人心民情,激化了社会矛盾,造成二世而亡的结局。这从正反两个方面证明,法治管理如果本之于人,其与"以人为本"便是相通的,也是成功的管理;反之,则是相悖的、失败的管理。

(三)以人为本与德治管理

"以人为本"与"德治管理"都高度重视"人"的作用,将"人"的因素放在了管理诸因素之首,还将提高人的素养列为管理的重要内容,并注重选拔德才兼备的管理者,这是两者的相同之处。

就我国历史而言,孔子被公认为我国传统"德治管理"的创始人。他最早指出人格力量可以超过权势的力量,并留下了著名的传世格言:"三军可夺帅也,匹夫不可夺志也。"孔子还比较了道德和法制对治国的不同作用,他承认运用行政手段进行管理以及动用刑罚来管束人们的行为,都能够取得一定的管理效果,因为人害怕触犯刑律,所以一般来说是不敢为非作歹的。但是,这与道德教化所起的作用不可相提并论。他指出,用道德教化来开导人的思想,用礼乐制度来规范人的行为,人们将自觉地趋向正道,而不胡作非为,这就不是"不敢为非",而是"耻于为非"。"耻于为非"是一种道德自觉,它的力量远远大于畏于行政及法令的"不敢为非"。

道德的作用可以使人在平时做到"慎独"。为了推行"德治",孔子极力主张选用贤人,并大力倡导"自天子以至于庶人……皆以修身为本",他将用以提高管理者和被管理者修养的教育列为管理的重要内容。

这些都是我国传统"德治管理"理论与现代"以人为本"管理思想的一致性。这种一致性的思想根源在于人们对"人"的发现。在我国春秋战国时期,由于生产力的发展,人们开始认识到"人"的力量,重人轻天。孔子正是这一社会思潮的代表,他创立的"德治管理"具有较强的人文精神。

不过,应当指出,现代的"以人为本"思想是属于更高社会发展阶段的"人学",它与我国传统的"德治管理"有着质的区别:"人"的内涵不同,尽管传统的"德治管理"与"以人为本"都重视人,但"人"有不同的内涵,"以人为本"的"人"是指"完整的人",或称"全面发展的人",包括人的德、识、才、学、体等方面,它尊重人的个性特点,并且认同个人与社会的互动;传统的"德治管理"所说的"人"只是"道德的人""社会的人",孟子曾经指出:"天时不如地利,地利不如人和。"他高度评价了"人"在管理中的重要地位,不过,应当看到,孟子并不认为一切"人"在管理中的作用都高于"天时"和"地利",只有构建了和谐人际关系的"人"(人和)才具有这种价值,显然,儒家德治管理所谓的"人",是处在社会网络之中的"社会的人",他们关注的是人的"群性",即"道德之性""社会之性",而非"人的个性"。

综上所述,"人治管理"容易形成个人专断,"法治管理"常常缺乏人情味,"德治管理"则见效较慢,而"以人为本"是一种"德治"与"法治"相结合的人本管理。"以人为本"也讲个人权威,但这种权威是建立在学校管理者(校长)个人人格魅力基础之上的权威;"以人为本"也讲法规,强调法规是为人服务的;"以人为本"也讲道德,强调的是人的观念和情感在管理中的作用。简而言之,"以人为本"既重视"人"在管理过程中的能动性,又重视"人"在管理过程中的自我完善,"人"既是管理的出发点也是管理的归宿。

## 四、以人为本理念的实践举措

教师和学生作为现实的人,都有着具体的、自身特有的、不断发展的对各方面的期待、愿望和需求。学校管理中的以人为本就是充分尊重人的价值,充分挖掘人的潜能,以激励师生的自我发展,全面为师生的发展服务,满足师生的合理需求,最大限度地激发每个人的积极性、创造性,从而促进学校、教师、学生的整体发展。

### (一)提高学校管理者的人本意识

哈佛大学教授英格尔斯说:"如果一个国家的人民缺乏现代化心理基础,如果执行和运用这些现代化制度的人自身还没有从心理、思想、态度和行为方式上都经历一个向现代化的转变,那么失败和畸形的悲剧结果就是不可避免的,最完善的现代化制度和管理方式,最先进的技术工艺,也会在一群传统人的手中变成废纸一堆。"学校的教育教学质量和办学实效主要决定于管理者的管理水平,而其中起重要作用的就是管理者的自身素养。因此,学校管理者应当努力提高自身素养,认真学习管理理论、技术和方法,积极转变管理理念,围绕"以人为中心"开展工作。"学校管理者的思想和行为是学校发展的自变量,学校一般成员的思想行为是直接接受自变量影响的干预变量,自变量的变化带动干预变量的变化,自变量和干预变量的变化最终引起学校发展结果的变化。"

### (二)尊重教师,有效激励

教师是活生生的人,他们有思想,有感情,有独立的人格,有各种需要,渴望自身价值的实现。马斯洛的需要层次理论表明,人的需要是分层次的。有着不同需求的教师需要不同的激励来提高工作的积极性和主动性。就学校管理者而言,坚持以人为本的管理必须从了解教师的需求着手,在学校的管理活动中尊重教师的劳动,肯定他们的价值,针对不同的需求采用具有针对性的激励方式。

具体的激励方法:

(1)确定明确的奋斗目标。共同参与、具体可行的学校目标对教师具有激励作用。

(2)建立健全信息反馈制度。在及时的与目标有关的信息反馈中,教师会感到鼓舞和鞭策。

(3)完善奖惩制度。公正、公平的奖惩制度面前人人平等,可变压力为动力。

(4)真诚信任和尊重师生员工。强调学校所有人员的整体价值,让所有人在信任和尊重中把自己和学校紧密联系在一起,自发、主动地做好工作。

(5)注意做好师生员工的思想工作。消除教师的消极情绪,营造向上的氛围。

(6)培养教师的自我激励、自我评价、自我发展和自信的精神。

### (三)管理内容要体现人性化

学校管理对象不同于企业管理,学校管理的最终目标是使教育者和被教育者获得全面自由的发展。因此,在学校管理系统中要以人为中心,其他要素都要服务于并服从于人的管理,人成为学校管理活动中最有能动性、创造性和最活跃的资源。人性化管理的具体要求:

(1)肯定教师在学校管理活动中的主体性,尊重教师的基本权利,真正把学校的每一个成员当作完全意义上的人来看待。

(2)把谋求教师和学生的全面自由发展作为学校管理的终极目标,尽可能地为他们的自我实现创造条件和机会。

(3)重视协调学校内部的各种关系,注意学校成员间的分工合作,最大限度地发挥各种人力资源的效用。

(4)遵循人的心理发展规律,合理运用多种形式的激励方式,调动学校各类成员的主动性、积极性和创造性。

### (四)管理形式要注重参与式

(1)要培养学校师生的主人翁意识,把自己的命运与学校的发展目标紧密联系。

(2)要建立自上而下、自下而上的管理反馈机制,让每个人对管理的建议都有一个正式、畅通的反馈渠道。

(3)在提高学校成员参与能力的基础上可以授权有关人员参与管理,扩大决策的参与面。

### (五)管理者要有换位意识

学校管理者与被管理者之间经常会出现这样或那样的冲突、矛盾。此时,如果管理者能转换角色(校长与教师,校长与学生,教师与学生等),站在对方的立场上考察对方的处境、情感和利益,那么冲突和矛盾就能大大减少。管理者的换位思考表现在对师生员工关心、爱护、尊重和信任的程度上。常常同样一件事,由于管理者的方法不同,效果就大相径庭。

在学校管理工作中,管理者要能时时注重换位思考,在各项改革中既有力度,也充分考虑师生员工的实际利益。只有这样,才能避免主观武断,才能得到所有师生员工的拥护,从而达到事半功倍的效果。

### (六)关爱学生,以学生发展为本

哈佛大学50周年校庆时曾有人问学校最值得自豪的是什么,校长回答道:"哈佛大学最引以为豪的不是培养了6位总统、36位诺贝尔奖获得者,最重要的是给予每名学生充分的选择机会和发展空间,让每一颗金子都闪闪发光。"可见,在学校管理活动中要树立"以人为本"的教育理念,就要尊重学生的人格,关爱学生,以全体学生的发展为本。在承认学生生命整体性和学生发展能动性的前提下,围绕对学生作为一个人,多层次、多方面需要的满足和尊重这个出发点,努力创造一种对人的健全的、充满生命力的教育,注重学生的独立性和参与性,才能培养出闪闪发光的金子般的好学生。

"以学生发展为本"是教育的本质体现,是教育本体功能的回归,也是办教育的出发点和落脚点。学校只有在以学生发展为本的管理下才能给学生创设充分的发展空间,真正实现自我管理、自我教育、自我发展。

## 五、学校实施以人为本管理的关键概念

以人为本的管理是以人为中心,坚持人的自然属性、社会属性及精神属性的辩证统一。在推行以人为本管理的过程中,围绕人的问题,有一系列相关的关键概念须要引起学校管理者的高度重视。

(一)尊重人

尊重人的方面很多,可以举一个工作时间安排的例子。教师工作时间和空间的非限制性决定了教师工作环境的非限制性,所以,给教师工作环境和心理空间上一定的"自由度"是尊重教师人格的基本体现。家访、课外"充电"、收集资料、教研等一系列教学的延续工作都不是坐在办公室里就能完成的,如果对教师严格实行限时"坐班制",便犹如给教师戴上了"紧箍咒",不仅不利于教师身心舒畅放开手脚工作,提高业务水平和教科研能力,而且对教师的自尊心和积极性是一种极大的挫伤。当然,适当地建立一些考勤制度、工作规则是必要的,但不可太过严苛。中学与小学,学校不同,情况应有所不同。只有在合情合理合法的条件下为教师工作提供一定的自由度,才能使教师的积极性和创造性得到恰如其分的发挥。

(二)理解人

不同的教职工思想觉悟有别,认识水平存在差异,知识经验和能力水平也参差不齐。因此,他们观察问题的角度、处理问题的方式方法都会不同。在学校师生员工这个群体中,从领导到教师,从教师到学生,每个人都处于一定的位置,由于职责和任务不同,工作内容有别,在考虑问题、工作思路和工作方法上必然多种多样,部分人对一些问题的看法难免存在局限性,因而在工作上会出现这样或那样的问题。因此,作为一校之长,遇事一定要认真分析,切勿简单粗暴。校长要有"以人为本,关心师生"的执政理念,加强人际沟通,营造一种舒畅的心理氛围。改善领导与教职工的沟通可以让教职工知道在工作上领导想做什么,做了什么。此外,教职工之间的沟通也很重要,可以让教职工了解彼此的工作性质、特点、成绩、困难等,有利于消除教职工因工作岗位不同而产生的误解和隔膜。而师生之间的沟通可以及时反馈教学情况,改善师生关系,对教育教学质量及效果的提高有很大帮助。所以,管理者要努力营造一种团结向上、严肃活泼、民主平等的氛围,造就一个学校关心教师,教师热爱学生,学生尊敬教师,教师支持领导的和谐环境。

## （三）关心人

环境与管理之间是相互作用、相互制约、相辅相成的辩证关系。和谐的环境可以为管理活动提供有利的条件，不和谐的环境则会对管理起到阻碍和抑制作用。校长应为教职工营造的氛围，创造教职工平等发展，充分发挥聪明才智的社会环境，切实关心教职工的根本利益，树立"群众利益无小事"的观念，把关心教职工利益与学校发展目标紧密联系起来，在学校工作目标实现的同时，使教职工的物质文化水平和精神文化水平都得到明显的提高。

## （四）爱护人

任何人，无论职务大小，学历高低，在人格上都应是平等的，需要的爱也应是同等的。校长要给教职工一种心理上的公平感，绝对不能厚此薄彼。处事务必公正公平，要坚持原则，秉公办事。对亲近者、拥护者不偏袒，不护短；对疏远者不排斥，不冷落，以诚相待；对反对自己的人也要宽厚容人，耐心说服，不能随意指责，更不能以势压人。评价人时切忌使用极端语言，要避免极端肯定与全盘否定的评价；不能牺牲一部分人的积极性来换取另一部分人的积极性，要调动全体教职工的积极性，并注意积极性的稳定和发展；要及时肯定教职工在工作过程中的点滴成绩，使领导的激励行为及时得到强化，并进一步促使管理工作落到实处，以满足教职工高级的心理需求。

## （五）善用人

学校兴盛，人才为本。发现人才难，善用人才更难。校长用人要坚持德才兼备原则，把品德、知识、能力和业绩作为衡量人才的主要标准，对思想要求进步，品行端正，工作热情高的教师，加强培养，提拔其到能使其尽其所能的岗位上去。另外，校长要重视青年教师，大胆使用，大胆培养，不唯学历，不唯职称，不唯资历，不唯身份，不拘一格选用人才。学校要树立人力资源是第一资源的观念，建立一套善于发现人才、选拔人才的机制，激励优秀人才脱颖而出；努力做到"人尽其才，才有所用"，营造尊重知识、尊重人才、尊重劳动的和谐氛围，使贤者在位，能者在职，各安其位，各尽其才。

# 参考文献

[1]安世遨.教育管理对话论[M].重庆:重庆大学出版社,2014.

[2]谟启标.比较教育与管理[M].福州:福建教育出版社,2016.

[3]董维佳,宋建军.高等职业教育教学质量管理概论[M].南京:南京大学出版社,2007.

[4]冯清来.教育教学管理案例选粹[M].武汉:华中科技大学出版社,2010.

[5]韩雅茹.当代德国职业教育教学与管理[M].天津:天津社会科学院出版社,2003.

[6]焦丽梅,谢洪.教育管理[M].成都:四川大学出版社,2015.

[7]李春盛.教育教学管理新视野[M].五家渠:新疆生产建设兵团出版社,2014.

[8]李建平.高等教育教学管理研究[M].重庆:重庆出版社,2006.

[9]梁伟雄,沈德海.信息化条件下的基础教育管理与教学[M].广州:世界图书出版广东有限公司,2012.

[10]卢新吾.当代高校教育教学管理科学研究[M].长春:吉林大学出版社,2010.

[11]罗小兰.中小学教育教学管理[M].太原:山西经济出版社,2011.

[12]孙永波,刘玉华.教育教学管理汇文[M].沈阳:辽宁教育出版社,2012.

[13]王海平.职业教育管理创新实践[M].北京:中国人民大学出版社,2017.

[14]王俊.小学教育·教学·管理[M].重庆:重庆大学出版社,2008.

[15]尹晓琴.教育管理及教学新思维[M].沈阳:辽宁教育出版社,2003.

[16]于光辉.教育教学与管理论坛[M].石家庄:河北教育出版社,2002.

[17]岳若惠.现代教育理念下的高校教育教学管理[M].咸阳:西北农林科技大学出版社有限责任公司,2013.

[18]张思明.教育教学管理行动中的理论与应用[M].长沙:湖南人民出版社,2010.

[19]赵明福,张荣辉.教育教学管理与研究[M].天津:天津人民出版社,2003.

[20]仲耀黎.高职院校教育教学管理[M].合肥:中国科学技术大学,2010.